龍神とつながる強運人生

仕事運、金運を着実に上げて成功をつかむ

OHSUGI HIKARI
大杉日香理

ダイヤモンド社

はじめに

これまで、数々の武将をはじめ、多くの先人たちが龍神の力を借りてきました。

また、龍神を祀る神社を信仰していた政財界人を挙げればキリがありません。

たとえば、経営の神様と呼ばれた松下幸之助《こうのすけ》氏（椿大神社《つばきおおかみやしろ》他）、小説や映画のモデルにもなった出光《いでみつ》興産創業者の出光佐三《さぞう》氏（宗像大社《むなかたたいしゃ》）、長期政権を誇った昭和の首相佐藤栄作《えいさく》氏（鹿島神宮《かしまじんぐう》）……。現役の政治家や財界人にも数多くいます。

中国でも、龍神は皇帝の象徴といわれてきました。

皇帝が世を治め、多くの民の生活を守るためには、大きな責任が伴います。

その皇帝に力を貸してきたのが、龍神なのです。

この本では、そんな龍神の力を借りて運を上げ、どんな望みも実現する方法を紹介していきます。

といっても、ただ「神頼み」をする本ではありません。

これからお伝えするのは、より高いパフォーマンスを発揮しつつ、豊かになり、社会にいい影響を与えられるよう自分自身を成長させる方法でもあります。

なぜなら、龍神に応援されるのは、そんな人材だからです。


私自身も龍神の後押しを得て、現在に至ります。

幼い頃から目に見えない存在たちと対話していた私ですが、はっきり龍という存在を感じたのは、小学生だった三〇年以上前にさかのぼります。

その後、専業主婦から起業することになり、五年後には株式会社を設立し、順調に業績を上げてきました。すべては節目節目に龍が現れて、私に重要なメッセージを告げ、進むべき道を示してくれたおかげです。

くわしくは本書の中でお伝えしますが、龍神の采配としか思えないタイミングでデビュー作『「龍使い」になれる本』（サンマーク出版）を出版し、発売三か月で八万部を達成し、現在までに四冊の著書を出してきました。守秘義務があるので実名は公表できませんが、各種企業の法人コンサルティングや経営者のコンサルティングを手がけ、地方自治体などでの講演も行っています。

こんな私も、幼い頃は友だちと話すことができず、いつも砂場で一人遊びをしているような子どもでした。大人になってからもとにかく人づきあいが苦手で、人間関係に悩み、原因不明の病気や体調不良になったこともあるほどです。現在の活動は、龍神との関わりなしではあり得ません。

龍神や神様と対話し、自分なりに試行錯誤を重ねながら学んできたことが結果的に「強運になる法則」だったとわかったのは、二〇〇六年、出雲での龍神とのやりとりの時でした。

その法則を本や講演会、コンサルティングなどでお伝えしたところ、会社経営者や医師、ビジネスパーソン、公務員、主婦など多くの方から、「龍神を味方につけて人生を好転させ、願いを実現することができました！」というご報告をいただいています。

龍神は、地球を守る役割を担っています。そして、地球という生命体を成長させ、よりよい未来を作るために「人間と協力していきたい」と願っています。

龍神と人間はタッグを組んで、ともに進む関係。つまり、「協働《きょうどう》」する間柄です。「人間が龍神の力を借りるなんて不謹慎」「龍って怖い存在じゃないの」と尋ねられることもありますが、龍神は私たち人間を応援したくてたまらないのです。

龍神たちは今、サポートする人材探しの真っ最中です。

みずから動きだした人を、龍神は必ず見つけ出します。

ほんのわずかな努力、ちょっとした変化も見逃しません。

「もっと現状をよくしたい」と思い、あなたがこの本を手に取ったことも変化の一つ。その変化も、もちろん龍神は目ざとくとらえ、「おっ！　やる気のある人材がいるな」と目をつけているはずです。

「強運になる」とは、完全無欠で何があってもびくともしない人になることではありません。人は不完全で、「発展途上」な生き物です。ぶれることもあれば、悩むこともあります。それでもあなたが進み続け、龍神とともに願いを実現する力、「強運力」を育《はぐく》むための一助となればと想い、この本をお届けします。

大杉日香理

龍神とつながる強運人生　目次

第二章

強運へ導く「龍神思考」を身につける

第三章 「場」の力を使える人が成功する

第四章 強運体質に変える日々の習慣

第一章

なぜ龍神を味方にすると成功するのか

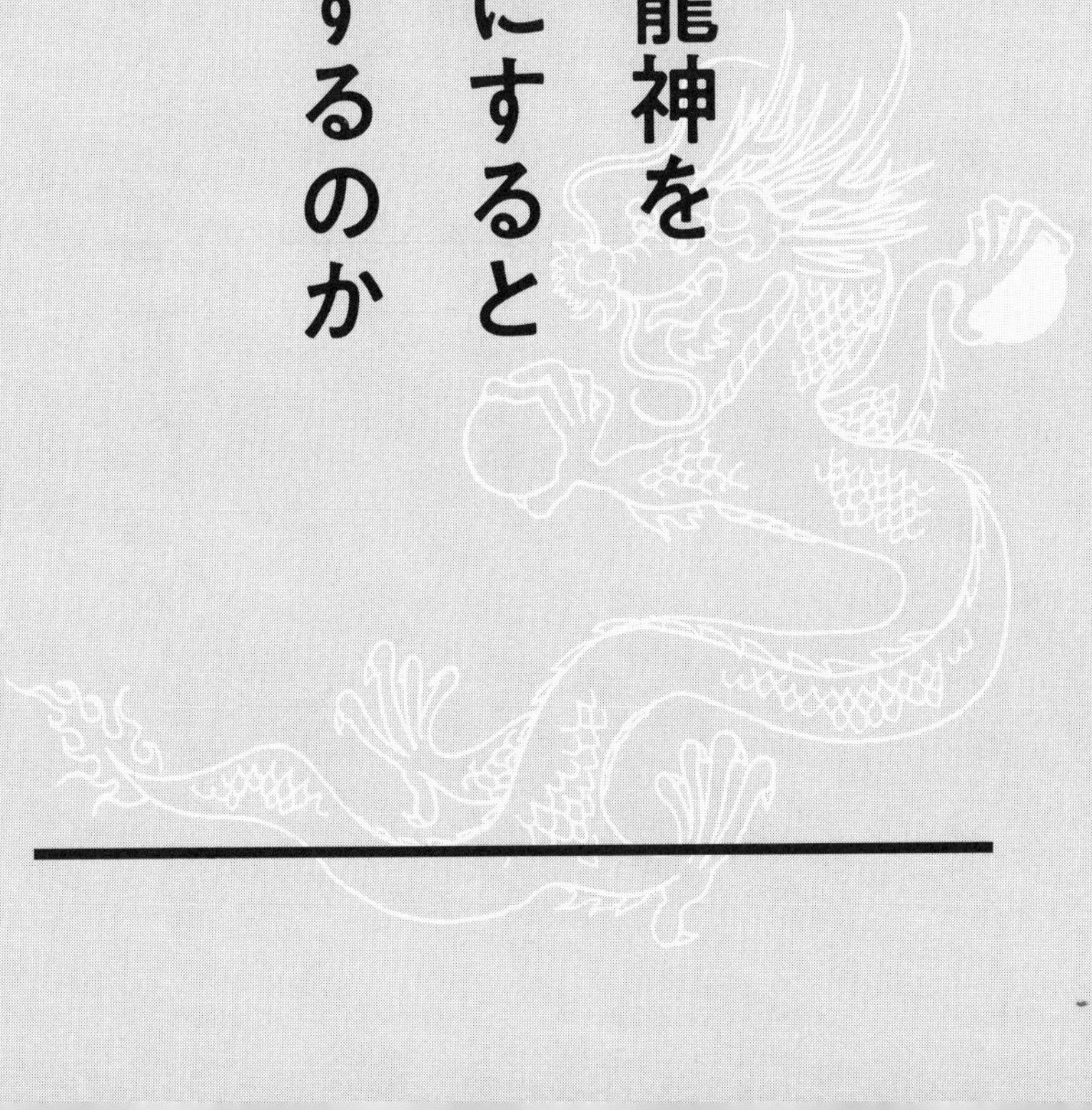

龍神はショートカットで運を動かす存在

龍神とは何か。

一言でいうなら、地球を守ってくれる存在です。

龍神は天地を自由に動き回る存在です。

龍神が動くところに「流れ」が起こります。そして、雲を動かし、風を吹かせ、雨を降らせています。

つまり、気象、海流、地熱の流れをつかさどる存在が龍神です。

地球上には数多くの龍神が存在し、本来は、地上での自然災害の被害が大きくならないように、流れを調整するべく地球上を動き回っているのです。

この星には多くの生きとし生けるものが存在していますが、私たち人間もその一員として成長していけるよう、龍神たちがサポートしてくれています。

地球にとってみれば龍神は心強い味方であり、なくてはならない存在だといえるでしょう。

彼らは物理的な体をもたないエネルギー体であり、アマテラスオオミカミやスサノオノミコトのように、この世界を守る「神様の仲間」です。

今、龍神は、人間と協力し合って地球をよりよくしていきたいと本格的な活動を始めています。

なぜ、龍神が人間に力を貸してくれるのか。それは、人間が発展して地球全体がよい方向へ向かっていくことが、龍神界の発展にもつながるからです。

龍神界には、龍神、龍蛇神《りゅうだしん》、龍、蛇が属しています。人間の行動によって地球の環境が害されると、地球の自然環境を調整するために動き回っている龍神の動きにも乱れが生じてしまいます。これは彼らの望むところではありません。

この龍神界の存在たちは、他の神様と深く関わり合っています。

神様は自分が管轄している地域から動くことができませんが、龍神は逆に、ひとところにとどまることができない性質です。ですから、神様が移動したい時には龍神の背に乗せてもらうことがあり、その土地にとどまりたいと思う龍神は、それを神様に頼むことがあります。

龍神と神様は、お互いの性質の違いをうまく補完し合っているというわけです。

そして人は、事あるごとに龍神や神様に祈ってきました。

このように人間の世界と龍神、神様の世界は密接に関わっています。

人間の成長は、そのまま龍神や神様の「栄養」になり、同時に、私たちが思いを向ければ向けるほど彼らの世界が活性化し、栄えていくのです。

龍神と関わるようになると、次のような現象が起こり始めます。

- 物事の流れが速くなる。
- 良質なご縁がつながる。
- ピンチをチャンスに変えられる。
- 創造性や直感力が高まる。
- 心身が安定してパフォーマンスが上がる。
- 環境に適応した力を発揮できる。

つまり、目標達成、現実化のスピードが速くなり、ショートカットで願いが実現していきます。

龍神の後押しがあれば、自分自身は「一」のエネルギーだったとしても、一〇倍にも一〇〇倍にもなります。これまで五年かかっていたところが一年で、一年かかっていたところは半年で、できるようになります。

自分一人の力だけで強運になるのは至難の業《わざ》ですが、龍神をはじめとするさまざまな存在の力や、「場」がもつ力を借りれば（＝他力《たりき》）、それが可能になるのです。

ただし、この現実世界で結果を出していくのですから、まずは「自力《じりき》」を発揮することが重要です。同時に、「他力」も欠かすことはできません。

「自力」と「他力」は、右足と左足のようなものです。両足をバランスよく使って歩みを進めれば、確実に目的地へとたどり着けます。

龍神の協力を得ると、ダイナミックな運の流れが巻き起こります。

たとえば、バスタブにはったお湯に、指を一本だけ入れてグルグルまわし続けても、渦《うず》はできません。しかしお湯に腕を入れ、グルッと数回まわせば、すぐに大きな渦ができます。そんなふうに、龍神と関わり始めると、それまでとはレベルの違う大きな運の流れを起こせるようになるのです。

私のクライアントにも、**龍神の後押しを受けたおかげで、本来なら数年はかかるような出来事が数か月間で起き、驚かれている方が何人もいます。**

Aさんは、龍神の存在を知り、つながろうと意識するようになってから、とにかく目まぐるしいほど多くの出来事が起きたといいます。とにかく、その展開のスピードの速さに驚かされたとのこと。

それまでのAさんなら、そこに至るまでに二、三年はかかるであろう事柄が数か月という短期間に起き、自然とみずから答えを出さざるを得ない状況になっていきました。そして、あれよあれよという間に、一社員から複数の店舗をもつ経営者へと一気に環境が変わっていったのでした。

彼はこの時のことを、こう話してくれました。

「自分ではどうしようもない大きな波が押し寄せてきた、という感じでした。その過程には苦しい葛藤もありました。でも、自分自身が何も動いていない事柄については龍神も後押しすることができないと聞いていましたので、起こる出来事から目を背《そむ》けず、現実と向き合うことに必死になっていました。そうしているうちに、自分でも思いもよらなかった業績を上げられていたのです」

今では次の事業の展開に胸をふくらませ、自信をもって行動する余裕も生まれているということです。

3つの条件を満たせば、運は動きだす！

あなたは、「強運な人」とはどんな人だと思いますか？

まず、運がいいとは、「願いの実現や目標を達成する確率が高くなること」です。

どんな荒波にもまれても、その確率を下げない人。

いったんつまずいたり倒れたりしても、また立ち上がって願いを実現する人。

そんな人を、強運な人といいます。

実は本来、私たちは誰もが強運です。逆境にあっても自分の能力を最大限に生かして目標を達成する力を、すでに手にしています。

もし今、あなたが「なんとなく頭打ちの状態だ」「現状を打破したい」と思っているとしたら、あるいは、「自分は運が悪い」と感じているとしたら、それは、これまでの努力や才能が足りなかったからではありません。もちろん、「悪い星のもと」に生まれてきたからでもありません。運を強くする仕組みを知らなかっただけです。

強運になるために、難しいテクニックや苦しい修行は一切いりません。

運を強くするためにまず必要なのは、「成長したい」「成しとげたい」という気持ちです。

その思いさえあれば大丈夫、誰もが本来の運の強さを取り戻せます。

あなたの思いに応えて、「龍神」が後押ししてくれるからです。

龍神には、「**運気の流れを作る**」という大きな役割があり、人間がどのように成長していけばいいかを知っています。ですから私たちは、龍神とつながることで適切な行動がとれ、時代の流れに乗って成長や発展をしていけるのです。
運を動かして成功するためには、次の三つの条件が必要です。

①前提条件…成功するための基礎部分
必ずやるべきこと。これがないと始まらないということ

②制約条件…適切な努力
自力＝やらないと成功できないが、やったからといって必ず結果が出るわけではないこと

③成功条件…あれば成功の確率が飛躍的にアップすること
他力＝龍神の後押し

この三つの条件がすべて満たされると、「運の臨界点」に達します。その時に初めて現実が変わり始めるのです。

しかも、この条件は誰でも必ずそろえられるものです。

三つの条件が具体的にどのようなものか、「プレゼンの成功」を例に見てみましょう。

①前提条件…当日プレゼンに臨むこと。

②制約条件…資料を作成したり、話す練習をしたりして最善の準備をすること。

③成功条件…龍神の後押しをもらい、成功するための確率を上げること。

まず、プレゼンに臨まないと話になりません(①前提条件)。これは当然です。しかし、それまでに入念な準備(②制約条件)をしていなければ、うまくいく可能性は低いでしょう。

ただし、準備万端なら必ずしも成功するというわけではありません。

そこで、③成功条件として、**龍神の力を借りる**のです。

すると当日、次のようなことが起こり、プレゼンを成功させられる確率がグンと高まります。

「相手先の会社までスムーズに行けて、余裕をもって臨めた」

「なぜかリラックスでき、緊張せずに話せた」

「聞き手が好意的に受け取ってくれた」

「相手先にたまたま知り合いがいて、話が通りやすかった」……。

このように**能力を最大限に発揮できたり、物事が有利に運ぶ状況が整ったりするよう、龍神がとりはからってくれるわけです。**

どんなにがんばって①前提条件と②制約条件を整えても、③成功条件が足りず、運が臨界点に達しなければ、残念ながら現実

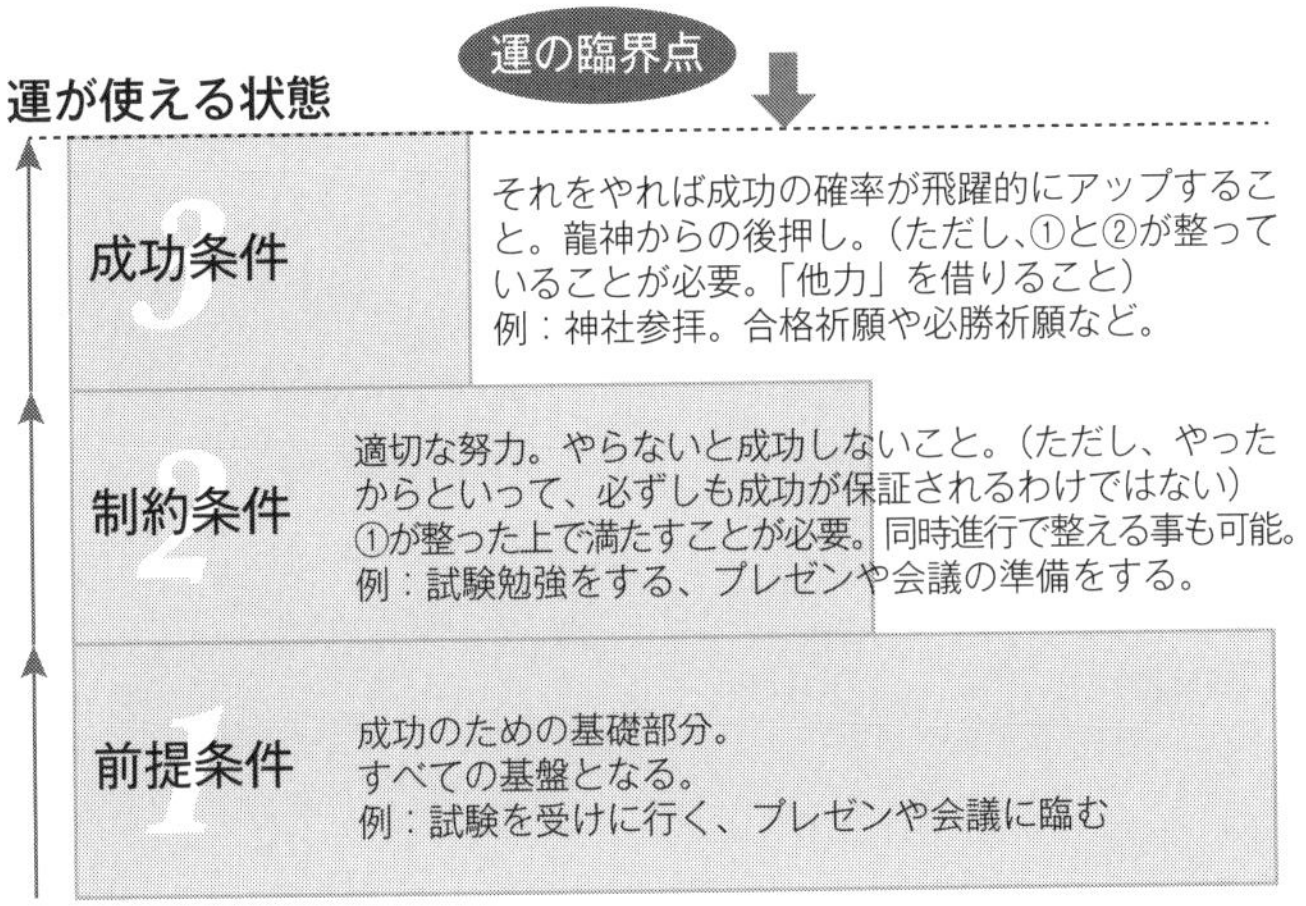
運の臨界点
運が使える状態
成功条件
それをやれば成功の確率が飛躍的にアップすること。龍神からの後押し。（ただし、①と②が整っていることが必要。「他力」を借りること）
例：神社参拝。合格祈願や必勝祈願など。
制約条件
適切な努力。やらないと成功しないこと。（ただし、やったからといって、必ずしも成功が保証されるわけではない）
①が整った上で満たすことが必要。同時進行で整える事も可能。
例：試験勉強をする、プレゼンや会議の準備をする。
前提条件
成功のための基礎部分。
すべての基盤となる。
例：試験を受けに行く、プレゼンや会議に臨む

は動きません。

逆に、③ばかりが大きくなって龍神からのサポートがあったとしても、自分自身が行動せずにいれば成功には近づきません。

自力だけを信じて必死でがんばり続けても、それでは一人分の力しか使えないので限界がありますし、逆に、「龍神に頼んでいるから大丈夫」と、自分ではまったく努力しなかったとしたら、いくらお願いしても現実は変わらないのです。

しかし、ごくまれなことですが、③成功条件を満たしただけで目標を達成できる場合もあります。いわゆる「棚ボタ」の状態です。

でも、その場合、本人の実力が伴わないので、最初は順調でも長続きすることはありません。しばらくすると伸び悩んだり、挫折したりしてしまいます。あるいは、しだいに自分の状況に違和感を覚え、意欲的に進めなくなります。

ですから、三つの条件をバランスよく満たしながら進んでいく必要があるのです。

ただし、条件がすべて満たされても、運の臨界点に至るまでには時間がかかります。

そのタイムラグを意識しながら、どんな時も焦らず目の前のことに取り組んでいけば、必ず現実が変わるタイミングが訪れます。

また、**今まで重ねてきた努力は、②制約条件となって確実にあなたを運の臨界点へと近づけています。**ですから、現状がすぐに変わらなくても、心配はいりません。安心して進んでください。

成長と発展を邪魔するものとは

運が動きだす仕組みを知ったあとは、私たち自身の特性を理解しましょう。

今あなたは、「強運になって現実を変えたい、成功したい」と願ってこの本を読んでいるはずです。しかし、ここで一つ問題があります。

成功するとは、言い換えれば「変化する」ことですが、私たち人間には「変わりたくない」という、もって生まれた生体機能があるのです。

これを、「ホメオスタシス」（恒常性）といいます。

ホメオスタシスは、生物が生きていくために「現状維持」を優先する生体機能です。

人間が大きく変化しそうになると、この機能によって元に戻ろうとする作用が働きます。

たとえ望んだ状況だとしても、人体にとって大きな変化は安定を崩すことと認識されてしまいます。

せっかく一念発起して新たな習慣を始めたのに、三日坊主で終わってしまった経験がありませんか？　または、チャンスだとわかっていたのに、「自分には無理！」と断ってしまったことはありませんか？

これは、「変化したくない」というホメオスタシスが働いたからです。

起業当初の私も、かねてからの希望だった法人顧問の依頼を、まさに「自分には無理！」と断ってしまったことがありますが、今にして思えばホメオスタシスによるものだったのでしょう。尻込みしてしまい、結局変化しない状況を選んで落ち着いてしまいました。

ホメオスタシスによる抵抗はかなりのものです。

この機能に気づいていないと、あまりに大きすぎる目標を設定してしまい、その目標に対して深層心理で抵抗が働いて実現しない、という可能性が高くなるのです。

ほんの少し背伸びするくらいの変化や成功なら、がんばって努力するうちに実力や気持ちが追いついていきます。

しかし、ジャンプしないと届かないところを望んでしまうと、いったんは手が届いたとしても、また地上に落ちて元に戻ってしまい、結局リバウンドを繰り返すことになります。すると私たちは、「自分はダメだ」と落ち込んで、ますます変化が難しくなっていくというわけです。

でも、ホメオスタシスは人間なら誰もがもつ機能です。そのことを理解して、「少しずつ」「確実」に変わっていけば、必ず成功に至ることができます。ですから、何事も確実に一歩ずつ前進していくことが「最短の道」だと知ることが大切なのです。

人生に差を生む「世界観」を作り変える

でも、実際には、さまざまなメソッドや験《げん》かつぎなどを行っても、自分を変えられる人と、そうでない人に分かれます。

「自分を変えられる人」はホメオスタシスを味方にして変化できるのに、後者は乗り越えられない。その違いは何でしょう。

答えは、「世界観」の違いです。

世界観とは文字通り、「自分の住む世界をどう捉えているか」ということです。

この世界観が、私たちの人生に大きな影響を与えます。

たとえば、ある人が「世界は敵だ」「人は信頼できない」「世間は自分を正当に評価しない」と思っていたら、どうでしょう。**その世界観が、その人のすべての行動に作用します。**

そんな世界観をもつ人は、常に緊張し、興奮した状況の時に出るアドレナリンが出まくりの状態です。どんな時もファイティングポーズでいなければなりません。

そうすると、もちろん疲れますし、エネルギーも浪費します。考え方がかたくなになり、物事に対して常に否定的になるので、周りの人からも敬遠されます。それによって、ますます「世界は敵だ」と思い込む悪循環に陥るのです。

しかし、「世界は安心できる安全な場所だ」と思っていたら、状況はまったく変わります。

いつもリラックスしているので、柔軟な思考ができ、生活全般がイキイキとしてきます。当然、クリエイティビティが高まり、さまざまなアイディアやひらめきに恵まれ、人も集まってきます。

実は、私たちの世界の捉え方は三つの層で成り立っています。ベースになるのが今お話しした「世界観」です。その上に「社会観」「人生観」があります。

▩世界観…世界をどのように捉えているか

自分が知らない地域や会ったことのない人たちも含まれる。

▩社会観…自分の属する社会をどのように捉えているか

自分が住んでいる場所や関わりのある人、組織などが含まれる。

▒人生観…自分の人生をどのように捉えているか

人生に対する価値観。過去や未来に対する認識。自分自身に対する認識・自己像。

脳はスーパーコンピュータのようなものですから、世界観はいわばコンピュータのOS（オペレーションシステム）です。一方、社会観や人生観は、パソコンのソフトやスマホのアプリのようなものだと考えてください。

OSの性能が悪かったり、相性がよくなかったりしたら、どんなに優秀なアプリをインストールしてもその機能を十分に生かすことはできません。

自分の目標に向かってさまざまなスキルを学んだり、自己暗示やイメージングをしたり、マインドセット（考え方の枠組みや信念を整えること）したりして研鑽するのは、社会観や人生観にアプローチしている段階です。

しかし、どんなにがんばって自己イメージを高めたり、コミュニケーションスキルを磨いたり、あるいは「成功するぞ！」と宣言したりしても、心の奥に「世界は信用できない」という世界観をもっていたのではうまくいきません。

世界観
社会観
人生観
自分の人生を
どのように
捉えているか
自分の属する社会をどのように捉えているか
世界をどのように捉えているか

もちろん、自己研鑽の結果、人生観、社会観、世界観のすべてを変えられる場合もあります。でも、それはレアケースです。この三重構造を理解できていなければ、どんなにテクニックを磨いても、それを生かせる舞台が整わないので、残念ながら効果は出にくいのです。

世界観の見直しは、これから強運人生を構築していく上でのベースとなります。

まず、自分自身の世界観を見直してみましょう。

あなたにとって、この世界とはどんなところですか?

「世界は危険で、安心できない」「世界は敵だ」「人生は簡単にはうまくいかない」「自分は誰からも愛されていない」……。そういった思い込みがあると、その通りの現実ができあがります。**人間には、自分の思い込みを現実化するために最適な自分を演じようとする性質があるからです。**

私たちは、自分の世界観を現実化するために最適な思考パターンやコミュニケーションのパターンを身につけます。また、世界観を確認するために、同じ考えの人とつきあったり、似たような人たちの言葉を信じたりします。

ですから、世界観が変わらなければ、いったんは結果を出しても必ずリバウンドして引き戻されてしまいます。時間と労力を消耗して、「やっぱり自分はダメなんだ」と考え、ますます過去の世界観を強化していくのです。

また、**「世界が敵」という世界観をもつのは、龍神も敵だとみなし、「誰からも助けてもらえない」と思っているのと同じです。**

そんな世界観のまま、龍神にお願いしたり、神社に参拝したりしたとしてもうまくいくはずがありません。願いが実現してしまったら、自分の世界観が壊れてしまうので自分自身が困ってしまうのです。

このように、世界をどう捉えるかによって人生の質は大きく変わっていくのです。

強運人生が始まる考え方、成功を逃す考え方

では、強運人生を送るためには、どのような世界観をもてばいいのか。

さっそく挙げていきましょう。

世界は自分の味方である

成功している人が共通してもっているのが、この世界観です。

「自分は世の中に味方されている、守られている」という世界観があれば、自然に、周囲の人や世の中、龍神や神様すべてが自分の味方だと思えるようになります。

花一輪、虫一匹でさえ自分の味方である。こういった世界観があれば、現実で試練に直面しても、おだやかな安心感の中で進んでいけます。

自分は成功するに決まっている。自分は運がいい

この世界観をもっていたら、無敵です。

もし失敗したとしても、「自分は成功するのだから、次の策があるはず」「今度は、あの人に応援を頼もう」などと考えて、次の行動へつなげていけます。

失敗を成功の糧《かて》にして進んでいけるので、最終的には目的を達成できます。

自分は完璧でなくていい

人は生き物ですから、変化し続けています。

常に「未完成」なのですから、完璧である必要はどこにもありません。懸命に努力しても、失敗や間違いはあります。

間違っても、失敗しても、そこから学んでいけばいい。そう思えれば、自己否定感や罪悪感をもつこともなく、自己卑下することもありません。

この世界観をベースにしていれば、トラブルがあった時に一時的に感情は揺れても、しばらくすると元のフラットな状態に戻れます。そのしなやかさが強運を呼ぶのです。

参考までに、成功から遠ざかる世界観もご紹介しましょう。

▒世界は敵だ

この世界観をもつ人は、「誰かが自分の足を引っ張る」「油断すると攻撃される」と思っています。

実際には攻撃されていなくても、細胞や筋肉が緊張し、いつも身構えている状態です。それが態度や思考に現れ、円滑な人間関係を築きづらく、また、仕事効率も上がりにくくなります。

こう思っている人は、自分に自信がないだけにすぎません。自分の矜持《きょうじ》を保つために、自分以外は敵だと思い込んでいるのです。その裏には、「自分は完璧ではない」「完璧でないといけない」という思い込みがあります。

でも、前述した通り、完璧な人はどこにもいません。完璧であろうとすること自体が、自然の摂理から外れているのです。

■人生は競争である。常に他人に勝たなければいけない

この世界観があると、仕事相手や友人ばかりか家族すら「敵」になってしまい、一瞬も安心できません。ふだんは問題なく過ごしていても、いざという時に余裕がなくなり、トラブルに発展します。

ねたみやひがみから人の足を引っ張ってしまう人は、この価値観をもっている可能性があります。

他者の存在がなければ自身の成功はあり得ません。自分一人では成功できないと理解できれば、調和や助け合いの大切さが実感できるようになります。

■人の「念」は怖い。自分は念を受けている

誰かがあなたに負の感情を向けたとしても、人間は肉体というプロテクトがあるので、基本的に念が入ることはありません。

それでもこの世界観をもつ人が時々いますが、そういう人はむしろ積極的に他者からの念を受け取ろうとしてしまうのです。

受け取らなくてもいいものをわざわざ受け取っているのですから、精神的にも肉体的にも不調になりやすくなってしまうでしょう。

そんな人は、「私は受け取らない」「私は影響されない」と決めてしまえば、何も問題ありません。

今もっている世界観は、あなたのこれまでの環境と教育によって作り上げられたものです。**誰に何といわれて育てられたか、どんな環境で過ごしてきたかで世界観はできあがります。**

たとえば、親から「世の中は怖いから気をつけなさい」といわれて育てば、「世の

中は怖い」という世界観をもった大人になってしまいます。

「自分の世界観はまずい」と思っても、がっかりしないでください。もし、自分が今もっている世界観がまずいと思ったら、変えてしまえばいいだけなのですから。

世界観を変えることは必ずできます。そして世界の捉え方が変わると、面白い現象が起こります。

同じ場所、同じ人間関係、同じ日常にいながら、周囲が一八〇度変わって見えるようになるのです。

「黒」だったものが一気にすべて「白」に変わる、敵だった人が全員味方に変わる、そういった変化も起こります。

敵が味方に変わったとたん、周囲は「頼れる人材」「使える人材」「学べる人材」にあふれてきます。当然、人間関係も仕事も円滑に進み始め、「すべてうまくいくしかない」という世界観に変わっていきます。

「世界観を変えたら、本当に現実が変わりました！」と証言してくれたのは、いくつものレストランを経営するBさんです。

Bさんは、以前は人を信用することができずにいました。そのため人にまかせられず、皿洗いまで自分でしていたのです。おかげで睡眠時間三時間で働く日々を送り、休みをとることさえありませんでした。

当然、従業員からは煙たがられ、離職率は高くなり、人が定着しないことに常に悩んでいました。

私はそんなBさんに、「相手の目線まで下りて話すこと」「人を信頼して休むべき時に休むこと」が大切だとお話ししました。Bさんも頭ではそれが必要とわかっているようでしたが、これまで自分のやり方でやってきたという自負もあり、そのスタイルを変えるのが怖くて反発する気持ちもあったようです。

しかし、Bさんが神社に参拝するようになったとたん、公私ともどもそれまでのスタイルを変えざるを得ない出来事が起こり始めました。私のアドバイスをいくら心が拒否しても、そうしないと「新たなビジネス展開ができない」「体力がもたない」「家庭に支障が出る」ということにBさん自身が気づくまで、実にさまざまなことが起こったのです。

そこで皿洗いをやめ、しっかり休むようにしたところ、Bさんの心配をよそに店は今まで通りに問題なくまわり、やがて離職率も大きく下がりました。

Bさんは当時をこう振り返ります。

「『人は信用できない。だから自分一人でがんばらなければいけない』という世界観を変えたら、ガラリと現実が変わったのです。パターン化している思考や世界観を変えるとビジネスに大きな変化を起こせる、ということを学んだように思います」

龍神とつながると、挑戦への怖さが消える

世界観は強運になるための大切なベースになるので、もう少し掘り下げていきましょう。

「世界は味方」という見解には、こんな反論が出てくるかもしれません。

「でも、世の中は理不尽なことだらけだ。犯罪や戦争はなくならないし、災害や事故だって起きる」

「事件に巻き込まれたり、不当に搾取《さくしゅ》されたりして、ひどい目に遭《あ》う人がいる」

確かに、それは事実です。しかし、ここでお話ししているのは、世界の現状についてではありません。「自分自身が世界をどう捉えるか」「自分がどんな見方を選択するか」であり、私がお伝えしたいのは、**「もし強運になって成功したいのなら、どの世界観を選択すればいいか」「龍神の力を借りるためには、どの世界観が有効か」**ということです。

また、念のためにいうと、験かつぎやスキルを学ぶことに意味がないわけではありません。それよりも、**自分を幸せにする世界観を作り、それらが作用するベースをしっかり整えることのほうが大切なのです。**

「何があっても基本的には大丈夫。帰れる場所がある」とわかっていれば、思う存分、冒険できますね。心理学的にいえば、そんな世界観は「セキュアベース」（心の安全基地）になります。

セキュアベースは、私たちが安心してチャレンジできる基盤となるものです。

しかし、そのセキュアベースがしっかりしていないと常に不安なので、当然パフォーマンスも上がりません。その結果、何をやってもうまくいかなくなります。

そんな世界観、セキュアベースを作ってくれるのが、龍神なのです。

龍神とつながると、「世界は自分の味方だ」とわかる出来事やご縁が次々にアレンジされます。すると、思考が柔軟になり、世界は安全な場所だと実感できるようになります。ですから、安心してさまざまなことにチャレンジできるようになるのです。

龍神は、私たちが「世のため、人のため、自分のため」にみずからの力を最大限に発揮すること、そして成長し続けることを望んでいます。ですから、アスリートを育てるコーチのように、チャンスという名の「課題」を次々と私たちにもたらし、人間としての実力や魅力、胆力《たんりょく》がつくように促してくれるのです。

私たちがそのチャンス（課題）を一つひとつクリアしていけば、運も人間力もレベルアップして、強運になります。

龍神は「世のため、人のため、自分のため」を望む

いきなり「世のため、人のため」といわれても、ちょっと及び腰になってしまう、「自分には無理！」と感じてしまう、そんな気持ちもわかります。

私自身も当初は「自分はそんなにすごい人間じゃないし……」と戸惑いました。

ですからまずは、自分自身が十分満たされること、自分の目標を達成することから始めてください。

龍神は、こういっています。


「自分を満たすことは、世界を満たすことであり、世界を満たすことは、自分を満たすことにつながる」


まずあなたが自分を満たすことからスタートして、徐々に視野を広げ、社会に対して自分の力（価値）を発揮していく。その姿を龍神は見ています。

最終的には自分の力を世のために使っていくという成長の全体図を頭の中に入れ、自分の状況を俯瞰しながら進んでいってください。それが強運になるための早道になります。


龍神は人間が成長し、力を発揮して世の中をよくすることを望んでいます。

世の中全体がよくなり、そこで暮らす人たちの人生の質が上がり、その中にいる自分自身の人生も充実して本来の価値を発揮できるという、そんな「オールＯＫ」の状況になるためなら、龍神は喜んで後押しをしてくれます。

成功を願う人が龍とつながるべき理由

龍の体は長さがある分、その背にたくさんの人を乗せることができます。

ですから、自分一人だけが成功するのではなく、周りの人たちもその背に一緒に乗せて巻き込んで成功できるわけです。この点が他の神様にはない龍神の特徴であり、たくさんの人と集団で関わって成功や勝利を目指せるというのが利点です。

まさに、「みんなの利益になる」という感じです。

仕事でもスポーツでもそうですが、どんなに一人の個人技がすごくても、他のチームメイトがパスを受け取れなかったり、自分の走るスピードや、あるいは思考についていけなかったりしたら、ただ浮いてしまうだけで、自分の実力も十分に発揮できないものです。

ですから、自分だけでなく周りも一緒になってプレイして、そして監督も観客もそれについていけるような状態を作る。つまり、他者を巻き込み、そのスピードに合わせて一緒に動くというのが理想なのです。**みんなで龍神の背に乗って、すーっと速く進む**、というのが目指すべきところです。

空を飛べる龍には、障害物も関係ありません。

地上を行く馬や虎は、どんなに速く走れても必ず障害物に突き当たります。それを避けるには苦労が伴います。

龍なら障害物に行く手を阻まれることもなく、しかも上下左右を自在に移動できます。そう、まさに目的に向かってショートカットして移動できるわけです。

仕事というものは、一人でできるものではありません。どんな仕事にも、必ず相手があります。そして、相手のないビジネスが存在しないのと同時に、双方に利益をもたらさないビジネスは成立しにくいものです。

こうして考えると、仕事での成功を願うなら、龍神とつながって「みんなの利益になる」ように後押しを受けることが一番なのです。

龍神は、こんな人を喜んで後押しする

龍神が人間と協働する時に重視するのは、**「その人が世の中にどれだけ影響力を与えられるか」**です。

究極的には、彼らは私たちに「自分の力を使って社会貢献してほしい」と望んでいます。

ただし、大きなプロジェクトを動かしたり、手広くビジネスしたりすることだけが世の中への貢献ではありません。どんな職種であっても、規模の小さなものでも、仕事をしていれば何らかの影響を社会に与えていることになります。

ですから、今、何らかの仕事をしているというだけで、その人には龍神の後押しを受ける可能性があります。

龍神から見れば、まったく社会活動をしていない人を一から育てるより、すでに何らかの形で働いている人の意識を変え、仕事に生き生きと取り組んでもらうほうが大きな成果を出すことができるからです。

もちろん、仕事をしている人だけが龍神の後押しを得られるというわけではありません。一人の社会人として、活躍できる場所はどんな場面にもあります。

これから就職や起業をしたい人は、「成長したい、結果を残したい」という意欲さえあれば龍神は喜んで後押しします。

たとえ今、体調を崩して療養中だったとしても問題ありません。**「自分の価値を誰かに提供したい」**と望めば、龍神はその人が健康を取り戻してもう一度能力を生かすポジションにつけるよう、全力で取り計らってくれます。

専業主婦の方も龍神は喜んで手助けしてくれます。家庭には、未来の社会を担う人材である子育てや家族のサポートといった大切な役割があるのですから。

最も大きな社会貢献は、**「今いる場所で、自分を最大限に生かして、周囲の役に立つこと」**です。

どんな立場、どんな状況にいようとも、「自分の力を発揮したい」と望みさえすれば、龍神はいつでも力を貸してくれるのです。

龍神からのチャンスは3回まで

龍神は、願いをショートカットで実現させるために最適なチャンスや運気をもたらしてくれます。

それは、私たちの目の前に、「大きなチャレンジ」「ちょっとドキドキするオファー」という形でやってきます。そのチャレンジやオファーが簡単にできることなら、リターンもそれに見合うものでしかありませんが、ハードルが高ければ高いほど、そこで人は成長し、多くのものを得ます。そのチャンスを龍神がもってきてくれるのです。

ただし、大きなチャレンジには変化がつきものです。

その変化が大きいものであるほど、不安がふくらみ、人は気後れしてしまいます。

そこで恐れを超えて「チャンスに乗る！」と決められるかどうかで、その後の展開が大きく変わります。

しかし、この時、私たちには「選択権」があります。

もし、気乗りがしなければ、龍神がもたらしたオファーを断るのも自由です。

だからといって龍神は見放しません。あなたが「願いを実現したい」と望み、努力してきたことを知っていますから、同じようなチャンスを再度アレンジしてくれます。

とはいえ、**同じようなビッグチャンスが来るのは、だいたい三回まで。**

もし、その三回をあなたがすべて断ったら、龍神はこう思います。

「そうか、まだ早かったのか。ちょっと大きな運気に乗せようとしすぎたようだから、もう少し小さなチャンスにしておこう」

それ以降、龍神が采配してくれるのは、ゆっくり進める手堅いチャンスに変わります。その分、リスクや恐怖は減りますが、運が開けるレベルも下がります。

もちろん、みずから現在の状況を選んで大きなチャンスはいらないと決めているなら、それはそれでいいのです。

たとえば、昇進よりも自分のやりたい業務を選択するケースや、出世よりも家族と過ごす時間を優先するケースもあるでしょう。

自分自身で主体的に活躍の場を選ぶのなら、龍神はその人が今いる場所でさらに力を発揮できるよう後押ししてくれます。自分がどんなステージで社会に貢献していきたいのかは、あくまでもあなた自身にゆだねられているのです。

人は誰もが2つの天命をもっている

これまでお話ししてきた通り、龍神の運気に乗って成功するには、社会に対してどれだけの価値を提供したかで決まります。龍神は、あなたが社会にどんな価値を提供できるかを見ているからです。

では、どうやって自分の価値を提供していけばいいのか。

そこで意識してほしいのが、「私天命《してんめい》」と「公天命《こうてんめい》」という二つの天命です。

私天命とは、自分が「こうしたい」「これをやりたい」と個人的に望むことです。

「私」がやりたいことや好きなこと、時間を忘れてやっていることです。

一方、**公天命は、「社会や世界があなたに求めること」**です。

それは自分のやりたいこととは限りません。公天命を発揮できたら、しだいに活躍の幅が広がり、影響を及ぼせる世界が広がっていきます。

どんな人も、この二つの天命をもっていて、子ども時代から三〇代くらいまでは私天命に取り組みます。その後、だいたい三五～四〇歳前後で公天命を生きる流れが始まります。

あなたの私天命と公天命がどんなものか、なんとなくイメージできるでしょうか。

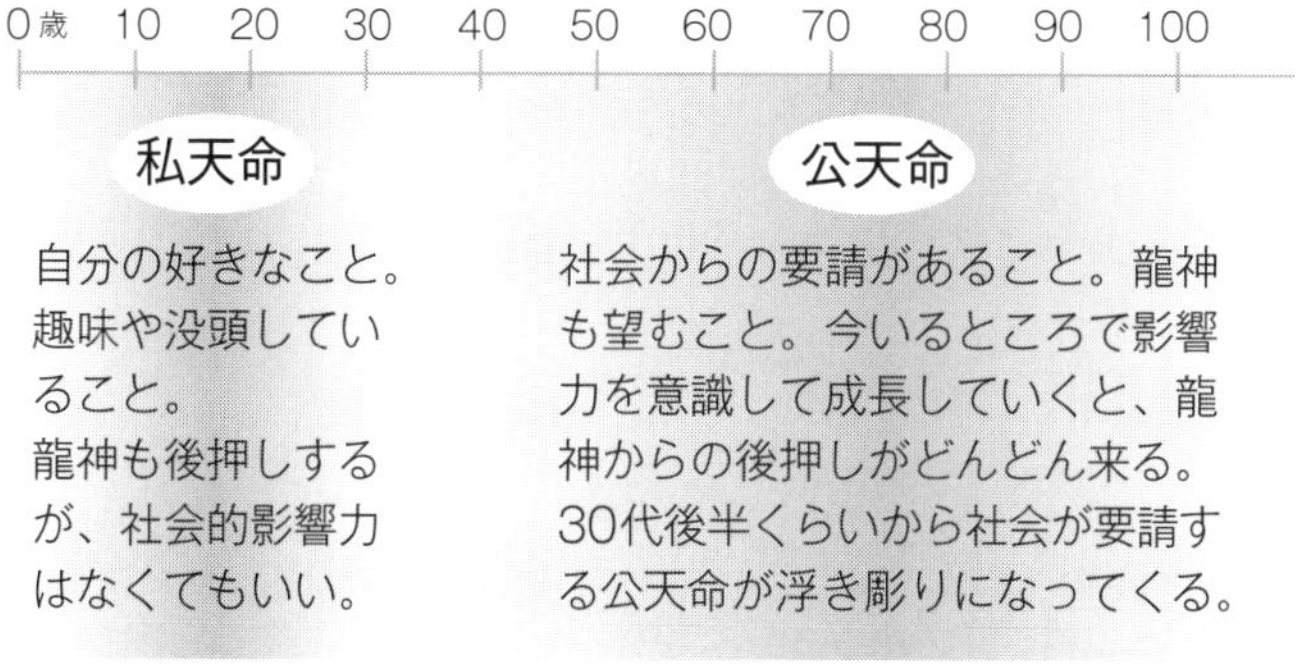
0歳 10 20 30 40 50 60 70 80 90 100
私天命
自分の好きなこと。趣味や没頭していること。
龍神も後押しするが、社会的影響力はなくてもいい。
公天命
社会からの要請があること。龍神も望むこと。今いるところで影響力を意識して成長していくと、龍神からの後押しがどんどん来る。
30代後半くらいから社会が要請する公天命が浮き彫りになってくる。

理解を深めるために、例を挙げてみましょう。

子どもの頃から歌が大好きだったCさんは、若くして歌手デビューしましたが、ヒットが出せず、三〇代を過ぎて引退しました。

Cさんが数字に強いことを知っていた所属事務所のスタッフに勧められて、事務所の経理をやるようになり、経理担当者として手腕を発揮するようになりました。

この場合、私天命は「歌うこと」で、公天命は「お金の管理をすること」です。

Cさんにとって、経理は「やりたいこと」ではなかったけれど、「周囲から求められ、やってみたら上手にできたこと」、つまり公天命でした。

公天命を生き始めると、人生が発展していきます。Cさんがこのあとも自分を成長させつつ公天命に取り組んでいけば、ますます活躍し、いずれは経営に携わったり、新たに別会社を立ち上げたりすることができるかもしれません。

引退したスポーツ選手が起業して成功したり、監督やコメンテーターとして活躍したりすることがありますが、これも人生の前半では私天命を生き、後半から公天命を生きる例です。

若いうちは、自分のやりたいことである私天命を追究することが重要です。

Cさんのように、私天命を生きているうちに自然に別の公天命にシフトしていくパターンはよくあることです。

あまりにも私天命にこだわりすぎると、社会からの要請である公天命を生きにくくなる可能性があります。すると、生まれもった能力を発揮できず、社会に貢献するチャンスを逃しかねません。たとえば、Cさんが歌うことにこだわって引退しなかったとしたら、公天命を生きる機会を逸していたかもしれません。

自分のやりたいことや好きなことだけが「天命」だと思い込んで追いかけるうちに、公天命を見逃してしまうことがあるのです。

私天命と公天命が重なるという人も、もちろんいます。

幼い頃から頭角を現すアーティストや、若くして起業し、世界的な企業に育て上げる起業家、あるいは子どもの頃から特定の職業に憧れて、実際にその仕事につく人たちのことです。

彼らのように自分のやりたいことで実績を出し、私天命と公天命が重なるのなら、それがベストです。

しかし、すべての人がそうとは限らないのです。


もちろん、好きなこと（私天命）を生涯の仕事にするという考え方が間違っているわけでは決してありません。しかし、単に目の前の仕事から逃げたいがために天命探しを隠れ蓑にしてまうと、本当の天命を生きる機会や成功が遠のく場合があります。

自分の年齢に合わせて、周囲が自分に何を求めているのか、どんなオファーがあるのかを意識することが、生まれもった才能や自分らしさを生かせる道につながるケースもあるのです。

たとえば、自分では望まない仕事だったとしても、やってみたらたくさんの人から感謝され周囲に貢献できたとしたら、自信とやりがいが生まれます。

その喜びと発見は、与えられた場で一生懸命やってみることでしか得られません。

ですから、年齢に応じて私天命と公天命のバランスをとり、優先度を意識しながら進んでいくことが重要なのです。

遠くにある「天命」を探すのではなく、自分のライフステージに合わせて私天命と公天命を意識していきましょう。

自分の公天命の探し方

「天命」というと、大きなビジネスや慈善事業に取り組むイメージをもつ人もいることでしょう。しかし、多くの人は日常の中で自分の天命を生きていきます。

たとえば、次のような場面を想像してください。

銀行の窓口に勤めているDさんが、ある日お年寄りに親切に接客して、そこに温かな交流が生まれました。

Dさんに感謝したお年寄りは帰宅後、「今日は銀行でていねいに対応してもらえて助かったよ」と家族に報告し、聞いた家族全員が幸せな気持ちになりました。これは決して派手なものではありませんが、素晴らしい社会貢献です。

公天命とはこんなふうに、今いる場所で最善を尽くし、自分の役割を果たしていくことです。「自分が周囲にどれだけよい影響を与えられるか」という視点で働けば、おのずと公天命につながっていきます。

このようにして公天命を生きていると、龍神の目にも上司の目にも留まり、さらなる活躍のステージが与えられます。

運気の流れが変わり、私天命と公天命が重なって、予想もしなかった活躍のチャンスが与えられることもよくあることです。

たとえば、次のようなパターンです。

Eさんは就職活動では美術関係の仕事を希望しましたが、叶わずに一般企業に入社しました。

その後一〇年ほどして、会社が新規事業として画廊を経営することになりました。そこで、美術に詳しく仕事ぶりも真面目だったEさんが責任者として抜擢されました。

この場合、Eさんの公天命は「美術を通して社会に貢献すること」でしたが、就職してすぐには実現しませんでした。しかし、余暇で私天命を楽しみながら日々の努力を続けていたところ、それが実を結び、実際に公天命を生きられるようになったのです。Eさんがそれまで学んだことは、公天命を通して社会貢献する時になって武器として生かされていきます。

もちろん、職場で過重労働やパワハラなどの問題があれば、話は別です。公天命は、自分を犠牲にしてまで果たすものではないからです。

あくまで無理やりやらされるものではなく、今まで気づかなかった才能が周囲の人に見出されて評価された結果ですが、そうはいっても最初は自分では大変なばかりのものに思えるかもしれません。

でも、望まないポジションで働かなければならなくなった時に、「自分にはできない」と拒否したり、「これはいやだ」と不満を言ったりせずに、まずは今、自分にできることに注力すると、龍神が公天命と私天命を重ねてくれることもあるのです。

ですから、「私に公天命を生きることができるだろうか」と不安に思わなくても大丈夫です。

それが公天命であれば、紆余曲折があっても必ずたどりつきます。

龍神がもたらす運気には、ある特徴があります。目標を達成する時、本人は一直線に進んでいないように見えるのですが、結果的にそれが最も成長でき、最も早い道になるのです。
回り道に見えても、腐らずがんばってきたことが公天命を生きる時には必ず役に立つ、ということを覚えていてください。

龍神に追い込まれて、進んだ道が公天命だった！

人は時に、公天命を生きざるを得ないように追い込まれる時もあります。私がまさにそうでした。

私はそれまで出版を本気で考えたことはなかったのですが、ある時、編集の方と知り合う機会がありました。まあ、いつかは本が出せたらいいなという気持ちは漠然とあったのですが、初めてお会いした時には企画も何もない状態で、機会がありましたらまた、という感じでその場は終わったのです。その後一年以上、その編集の方とは特に連絡を取り合うこともありませんでした。出版のことは、私の頭からさらっと抜け落ちてしまっていたというのが本当のところです。

そうして過ごしているうちに突然、龍神からこんなメッセージがやってきました。

「日光に来い」

でも、私はとっさに「いやです」と答えていました。

なぜなら、そこに行ったら大変な目に遭う予感がしたからです。

すると今度は、知人から唐突にこういわれました。この知人は見えない存在からメッセージを受け取ることのできる人です。

「あなたは日光に行くようにいわれているよ」

この知人がいうには、先日、日光に行った際に、東照宮の奥宮へ入る列に階段のところで並んでいる時から参拝を終えてそこを出るまでずっと、そこらじゅうから「大杉日香理をここに連れてこい」という声が聞こえてきたそうです。

その知人は、今にして思えば龍神のお使いにされたのでしょう。

こうなると、もう仕方がありません。私は意を決して日光に出かけました。

そこで龍神からやってきたメッセージは、「龍神のことを世の中に伝えろ、そのために講座をやれ。龍神と協働して、世のため人のため自分を生かすための知識と力を使える人を増やしてほしい」というものでした。そしてその講座の詳細な内容からプロモーション方法まで何もかもすべて、うわーっ、とまくしたてられるように伝えられたのです。

しかし、私はまたここでも、「いやです」とお断りして帰ってきました。

だって、龍神はたくさんいますし、その解釈もさまざまです。その中で私が受け取ったメッセージを世に出すなどということは、とても自分の手には負えないと思ったわけです。

日光は、竜頭《りゅうず》の滝や日本三大瀑布《ばくふ》の華厳の滝のあるところで、まさに龍の棲《す》む地。その龍にわざわざ呼びつけられて、いろいろなことを教えてもらったわけですが、私は全部お断りして帰ってきてしまいました。

それからの二か月間、龍からの言いつけを無視する形で過ごしたところ、神社参拝ツアーの主催などをしていた私の会社の業績が恐ろしいくらい急激に落ちてしまったのです。おまけに私は、中耳炎にまでなってしまいました。

この中耳炎の痛みのせいで、食事も思うようにとれません。ましてや私の仕事は話すことなのに、痛みで口を開けることさえできなくなったのです。

また、会社のスタッフとの関係もうまくいかなくなってしまいました。

これはきっと、すべて私が龍神からのメッセージを無視したからに違いないと薄々感じ始めたのでした。

たび重なるトラブルに、どうしようと行き詰まりを感じながら眠りについた翌朝、目覚める寸前のまどろみの中で不思議な夢を見ました。

夢の中で私は、これから自分が開くべき講座のチラシの図案や内容など、それこそ何もかも鮮明に教えてもらっていたのです。

これに私は、「もう、わかりました」と苦笑するしかありませんでした。

私はパジャマのまま、朝食の支度も全部後まわしにして、教わったことを書き出してチラシを作りました。そしてすぐ、フェイスブックに「こんな講座を始めます」とアップしたのです。

すると、朝食の用意をしている最中に、以前知り合った編集の方から「フェイスブックを見ました。本を出しませんか?」とメッセージが送られてきました。

まさに、いくら嫌がっても、それをしなければいけない状況に追い込まれていくのが公天命というものなのだと、つくづく実感した出来事です。

こうして新しく開いた「龍使い養成講座」は大成功をおさめ、その一年半後には初めて出版した本も予想をはるかに上回る反響をいただく結果となったのでした。

「世のため人のため」という公天命を体現した龍

名古屋というと熱田神宮が有名ですが、その地域を管轄している一の宮は真清田《ますみだ》神社です。

真清田神社には、世のため人のために、自らの命がなくなるのを知りながら上司である龍王に逆らって雨を降らせた龍の伝承が残されています。龍自身が、世のため人のためになるあり方を体現した結果、神として祀られた地なのです。

川の源流のように、「気」にも流れが始まる場所があります。この神社に流れてくる気の源は、岐阜城がある金華山です。

名古屋はご存じの通り、信長、秀吉、家康という戦国の三傑を生み出した土地。天下をとるために必要な資金、マネジメントに必要な資金、時代を動かすための資金など、公天命として世を動かすような大きな目的をもつ人が活用するための資金を受け取れる地域です。

運は貯めるもの、運気は乗るもの

一言で言えば、運とは「貯められるもの」、運気とは「乗るもの」です。

たとえば、運は「水」で、運気は「海流」や「水流」「潮流」などの「流れ」のようなものだと思ってください。ファッショントレンドや世の中の動向のように、常に動き、流れているのが運気だと思っていただければいいでしょう。

運自体は一種のエネルギーで、お金のように貯めることができます。

運そのものを貯める方法は、たくさんあります。

人に親切にしたり、感謝したり、寺社に参拝したり、地道に仕事をしたり……と、あらゆる方法があります。

しかし、運をただ貯めるだけでは何も現実化しません。運の流れである「運気」に乗せる必要があります。

その流れを作るのが、龍神なのです。

ですから、**自分の乗りたい運気に乗るには、龍神の協力を得る必要がある**のです。

龍神が動くと、運の流れが起こります。

自分が乗りたい運気とは、つまり「こうなりたい」という理想や夢にたどりつく運気のことです。そこにショートカットでたどりつける流れを龍神が作ってくれます。

お金にたとえてお話ししてみましょう。

いくらお金を貯めても、貯金をおろして実際に使わなければ、欲しいものを買ったり行きたい場所に足を運んだり、やりたいことをすることはできません。それと同じように、運をどんなにたくさん貯めても、**龍神の作る運気に乗らなければ、「運がよくなった」と感じる出来事は起きません。**

運は、「乗りたい流れに乗るためのチケット代」にすぎず、「運をよくする」のに肝心なのは、貯めたチケットを「使うこと」なのです。

もちろん、そもそも運が貯まっていなければ、使うことはできませんが。

あなたが今まで一生懸命お参りしたり、人に尽くしたり、真面目に努力したりしていたのなら、「後押し貯金」（チケット代）はたくさん貯まっています。

しかし、同じ目標に到達する運気は、一つというわけではありません。同じ目的地に続く流れは実は何本も用意されています。

その流れには、細いものもあれば広いものもあります。また、荒い流れもあれば、穏やかで静かな流れもあります。

そして、それぞれの流れに合った乗り物も用意されているというわけです。今にも流れに砕かれそうな小舟もあれば、不安のない旅をゆったりと楽しめそうな大型客船もあります。

当然、豪華な乗り物には、高額なチケットが必要です。

また、目標や望みが途中で変わることもあるでしょう。その時には、乗り換えるためのチケットがさらに必要となります。

ですから、チケット代である後押し貯金は、たくさん貯めてあるに越したことはありません。

龍神がしてくれるのは、その人の望みにたどりつく運気に乗せることです。その運気は、それまでに貯めた運に従うものとなるのです。

運が貯めてあればあるほど、速く、楽な流れに乗ることができます。

もし、「自分はまだ運の残高が低いな」と思う場合でも、今日から貯めることができるので心配ありません。十分貯めたら、あとは龍神の運気に乗るだけです。

ただし、「世界は安全だ」という世界観をもって換金しないと、せっかくの運を浪費してしまうことになります。あなたのもつ世界観が否定的ならば、運を活かすために適切な判断ができなくなるからです。ですから、ここでも自分を幸せにする世界観が大切なのです。

人生は有限です。「この世での残り時間があと三日」というタイミングで、今まで貯めてきた運が換金されて現実が動いても、生かし切ることはできません。貯める方法もさることながら、換金方法も今のうちにしっかりおさえていってください。

この本で紹介しているすべての内容が運を貯める方法であり、換金方法を示したものです。

第二章

強運へ導く「龍神思考」を身につける

龍神思考の基本は「4つの力」

龍神に応援される考え方、龍神がくれたチャンスや縁を生かすための考え方を「龍神思考」と私は呼んでいます。

龍神思考は、龍神たちと協働するために必要な考え方であり、同時に、強運に生きるベースとなるもの。いい換えれば「強運力」を育む思考です。

その基本としてまず身につけたいのが、次の四つの力です。

- **感知力**：存在しているもの、感覚・状況の微細な変化に気づく、認識する力
- **観察力**：気づき、認識したものを観察し続け、情報を得る力
- **分析力**：観察して得られた情報を比較・検討する力
- **洞察力**：分析して得られた結果を実践して、さらに深い情報を得る力

感知力とは、平たくいえば**「気づける力」**です。

ある脳科学の研究では、人間の五感が捉えている情報は実際に存在している情報の「二〇万分の一」だと報告されています。本当はそこに「ある」のに、感知力が使われていないために人間は莫大な情報を見逃して、「ない」ことになっているのです。

たとえば、私は「神旅®」という神様とのご縁をつなぐ旅を主宰していますが、この神旅®に参加して、子どもの頃から慣れ親しんでいた神社を訪ねることになった方が、こういって驚いていました。

「今回の参拝で、社殿わきに大きなご神木《しんぼく》があったことに初めて気がつきました。人は何でも見えているようで、実は見えていないものなんですね」

小さな変化を「感知」できるからこそ、その変化を「観察」し、「分析」できます。するど、自然に洞察力が磨かれていきます。

最終的には四番目の洞察力を上げることが、ビジネスを成功させ、人間関係をよくして強運な人生を送るうえでのカギになるといっていいでしょう。

洞察力が養われると、相手の状況や心理状態をくみ取りやすくなります。すると、何事にも余裕をもって対処できるので、交渉でもアドバンテージがとれるようになります。また、相手のいいたいことを的確に把握できるようになり、自然にコミュニケーション能力が上がって人望も集まるようになります。まさに、いいことずくめです。

この四つの力を日々意識して磨いていきましょう。

その方法は、決して難しくありません。

ここでは、その磨き方の基本として、日常の中で意識できることをご紹介します。

■感知力…自然の変化を意識する。

五感を使って、風や音、香りなどを感じる。そこに存在しているものを認識する。

■観察力…出会う人や物事を観察し、気づいたことを箇条書きでもいいのでメモする。

明確に言語化するクセをつけることが大切。

■分析力…時折メモを振り返り、流れや変化を見つける。

このような習慣をつけると、自然に洞察力が磨かれていきます。

この本ではさまざまな日常でできるエクササイズや課題などを紹介していますが、すべて一度にやる必要はありません。今あなたがやりたいもの、取り組みたいものから始めてください。

たった一つでも手応えを感じられれば、あるいは変化の兆しがあれば、ドミノが倒れるようにパタパタッと連動して、変化の波が自動的に次々と起きていきます。

感知力が磨かれてきたら、特に意識しなくても自然に観察力や分析力が高まり、それにより洞察力も深まるでしょう。

ただし、ダイレクトに洞察力を磨く方法もあります。その意外な磨き方を次にお教えします。

歴史に学ぶと「洞察力」が磨かれる

洞察力を磨くために役立つ意外なものが、「歴史」です。

これまで、傑出した先人たちの成功や失敗が脈々と語り継がれてきました。

自分一人が生きてきた時間は、たかだか数十年にすぎません。個人の思考や知識には限界がありますが、歴史を振り返れば数多くの人生が叡智《えいち》となって残されています。そこに生き方の膨大な「サンプル」があるというわけです。

後世に名が残るほどの偉業を成し遂げ、また失敗もした偉人たちが、何を考え、どう行動したのか。彼らの生き方を学んで、「自分ならどうしただろう？」と考えることが洞察力を養うためにとても効果的なのです。

経営者や政治家には歴史好きの人が多くいますが、それは彼らの中に、優れた先人の視点を学び、その叡智を生かしたいという思いがあるからではないでしょうか。

歴史に学ぶことは、今からでもすぐできます。

映画やドラマ、小説やマンガ……何でもいいので、歴史に触れてみましょう。自分の興味のある時代、好きな人物や関心のある事件など、時代もジャンルも問いません。

過去の偉人や賢人たちの人生に触れ、その生き方を味わってください。

そして、「難局をクリアできた理由は何だろう」「この事件は、なぜこんな展開を見せたのだろう」と考えてみてください。また、自分の課題を解決するために「あの人物なら、この問題をどう考えただろう」と想像してみてください。

もちろん、「正解」はありませんし、検証もできません。ですから、自分が出した答えが正しいかどうかにこだわる必要はありません。

ここでのポイントは、**今いる場所から「視座」を上げて、新たな側面から自分の問題を見ることです。**

視座とは、どの視点から物事を読み解くかという、その立場のこと。

歴史を学ぶと、自然と視座が上がり、大局から問題を見る訓練ができるのです。

歴史を見ると、同じような流れが何度も繰り返されていることに気づいたりします。たとえば、織田信長は、それまでの武将が自国と隣国という意味での領地争いを繰り広げる中で天下統一を打ち出しました。それは、日本の外にもっと広い「世界」があることを知っていたからです。

幕末についても同じことです。多くの武士が藩が世界だと思っていたところを、やはり日本の外にもっと広い世界があることを知る者たちが、日本を統一しようと明治維新に向かっていきます。

国内だけでなく世界へ目を向けられる者が変革を起こせる、ということがわかります。そして現代のビジネス環境にも、似たようなことが起こってはいないでしょうか。歴史はいつも似た動きを見せるわけですから、成功のヒントがそのままそこにあります。

常に歴史に思いをはせていると、そこで養われた洞察力が生かされ、相手の思いを察知しやすくなります。過去の人物より目の前にいる人間のほうが圧倒的にリアリティをもっているので、相手の心情が手に取るようにわかり始めるのです。

先ほど洞察力が磨かれると人間関係が良好になるとお話ししましたが、磨き方として最も有効な方法が歴史に学ぶことだといえるでしょう。

過去から学ぶ時により効果が高いのは、歴史上の出来事が起きた場所を実際に訪れて、その考察をすることです。

「わざわざ!?」と思うかもしれませんが、その土地でしか受け取れないエネルギーが実際に存在します。その「場」で現地の空気を感じながら往時に思いをはせると、想像以上の情報を受け取ることができます。

学生の頃、武田信玄が好きだった私は、川中島の古戦場跡を観《み》に通ったことがあります。

現地で地形を眺めると、平面の古戦図ではわからなかったものが見えてきます。戦の流れや陣形、霧の出やすい地形であること、なぜその山に陣が張られたのかなど、文献の中では見えなかったものが観えてきて腑に落ちることがあります。その瞬間に、単なる知識であったものが現実味をもつのです。

この時、川中島が一望できる場所で、龍神から「やっとわかったか」という言葉をかけられました。最初は「どういう意味？」と思ったのですが、きっと龍神は、「頭だけでわかるのではなく、現実を照らし合わせることで初めてわかることもある」と教えたかったのでしょう。


まず私たちに実際にやらせてみて、気づかせてくれる。

そして現実を動かしてくれる。

これが龍神の教え方なのです。


川中島の周辺には、古戦場跡以外にも合戦に関係する史跡が多数あります。

その一つに、武田家家臣ゆかりの品などが納められているお寺がありました。

私は拝観料を払ってその寺をお参りしていました。すると、そのうちご住職が出てきて声をかけてくださったのです。そしてなんと、まさか見せていただけるとは思わなかった武田家について記された古い文献など数々の貴重な御品を拝見させていただくことができました。それればかりか、お茶まで出していただき、座ってご住職とお話しすることになったのです。

現地を眺めて洞察力が高まっていたせいでしょうか、普段ならご住職と会話するなんて恐縮するばかりでうまくできない私ですが、その日は不思議と会話の先の展開が読めてしまい、おかげで楽しく有意義な時間を過ごすことができました。

なぜ神話を読み解くと「展開思考」が身につくのか

洞察力をさらに磨く時に有効なのが、「展開思考」です。変化に対して柔軟に対応し、人生をステージアップさせるための大きな武器になります。

あなたの周りに、「一を聞いて一〇〇を知る」ことができる人はいませんか？

そういう人は仕事ができて、周りからも重宝がられているのではないでしょうか。彼らがもっているのが、展開思考です。

一の情報から思考を展開させてアイディアや変化といった一〇〇通りの情報を得られる人と、一しか得られない人とでは、その後のパフォーマンスが違うのは当然ですね。展開思考の有無によって、自分の仕事や人生にイノベーションが起こせるか否かが決まってきます。

その展開思考を身につけるのに最適なのが、「神話」です。

そう、『古事記』に代表される、あの遠い昔の神様の物語こそ、実はビジネスパーソンの必読書といえるのです。

神話には、現代の私たちからすればあり得ない設定も多く、奇想天外なストーリーが繰り広げられていますから、すぐにはピンとこないかもしれません。しかし、神話を読み解いていくと、そこには私たち人間が共通してもつパターン（元型）が手を変え品を変え、描き出されていることがわかります。

そのパターンとは、**「主人公が別れや試練を経験して、今いる場所から新しい世界へ行き、新たな役割や能力、パートナーを得る」**というものです。

登場人物やエピソードの内容はバラエティに富んでいますが、その構造は非常にシンプルで普遍的であり、時代を超えて私たちがもち続けている人間の本質が描かれているのです。これは、世界中の神話に共通する特徴です。

そして、そこに描かれている本質を意識して読んでいくと、人生に生かせる情報や教訓が凝縮されています。

ちなみに、世界の神話を研究した神話学者、ジョーゼフ・キャンベルによると、多くの神話に共通するパターンは、人間の深層心理に最も響き、心を動かし感銘を与えるものであるそうです。

この神話に共通するパターンを活用して制作されたのが、映画「スター・ウォーズ」だと聞いたことがあります。

神話は、人生を変えて新しい世界に行くためのさまざまなパターンを教える「事例集」であり、生きるための「実用書」だと思ってください。

この視点をもって神話を読んでいくと、「自分の状況と似ているな」「今の問題と重なるな」と気づくエピソードに出会えるはずです。

個性豊かな神様の物語を、「誰にでも孤独感はあるものだ」「どんな強固な人間関係にも別れはあるのか」などと置き換えながら読んでいくと、自分の身に引きつけて考える習慣が自然に育まれ、それが展開思考を身につけることにつながっていきます。

「自分だったらどうするだろう」「この事例は、あの話と似ている」「この流れからすると、次はこうなる可能性がある」などと思いをめぐらせていくことが「一を聞いて一〇〇を知る能力」につながっていくのです。

それができる人は周囲から重宝がられるだけでなく、目上の人からかわいがられます。「これって、こうですよね」「それは、こういうことですか」と、話をどんどん展開させてテーマを深掘りしたり、新たな提案ができるからです。

そういった人材が期待され、引き上げられていくのは当然ですね。

その仕上げとして、目標をグイッと引き寄せるために最終的なレバレッジ（てこの作用）をかける力が**「変革力」**であると私は考えています。これは、物事を革新的に変える力です。

特に、今までの状況を新しく変えるという時に、自分主導で変えていくことを指します。

何となくボーッとしていたら変わっていた、というのではなく、自分主導で動いて自力を高めていくと、そんな人には龍神が後押ししてくれます。

龍神とともに現実を変えていく力、それがここでいう変革力です。

最終的に、その変革力を得るためのファーストステップが、今お話しした**洞察力と展開思考**をつけることだと思ってください。この二つがあるだけで、人生にかなりの変化を起こすことができます。

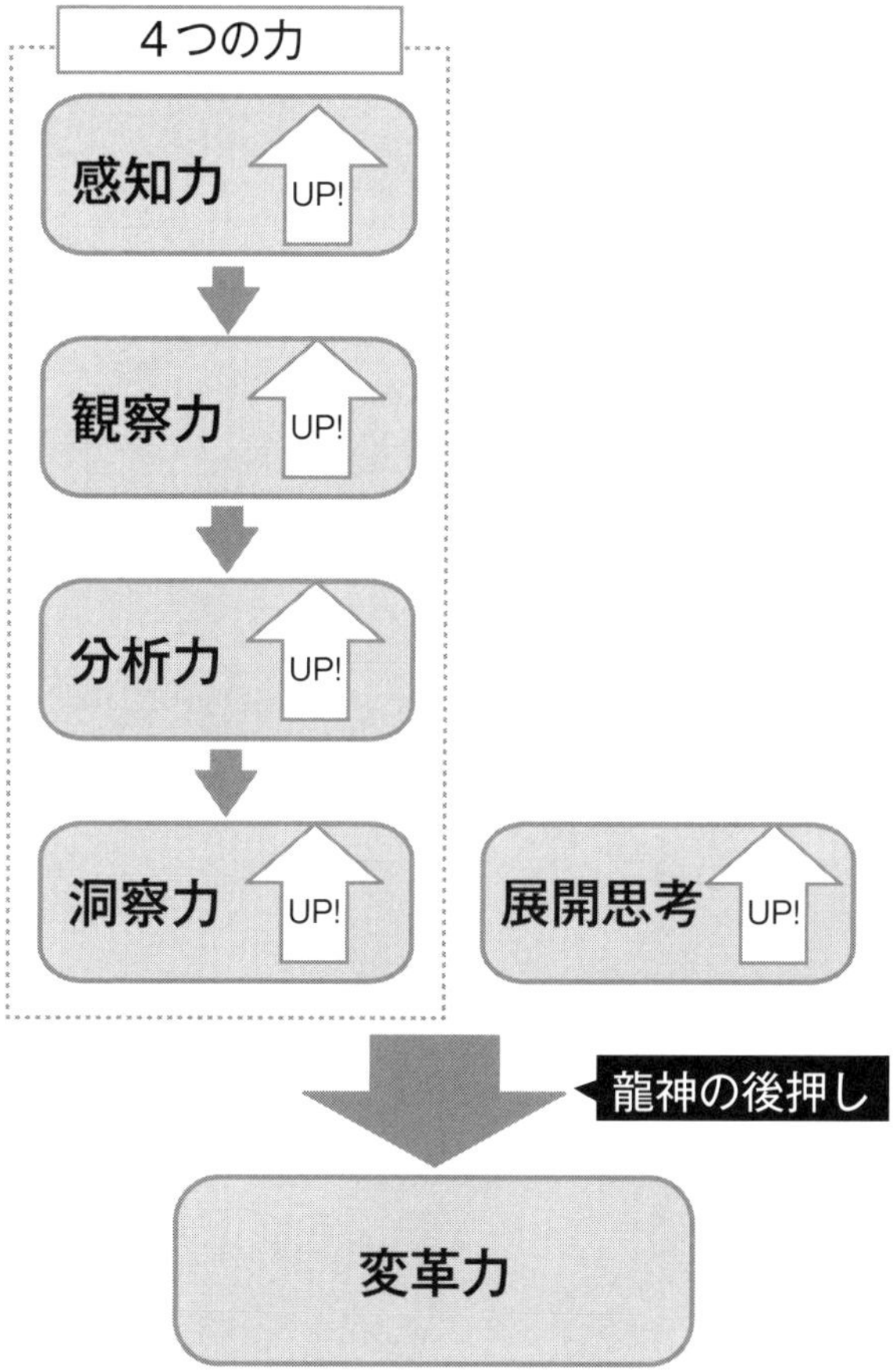
4つの力
感知力
UP!
観察力
UP!
分析力
UP!
洞察力
UP!
展開思考
UP!
龍神の後押し
変革力

新たなステージへの変化を促すイザナギ、イザナミの物語

【ストーリー】 イザナギとイザナミの二神の夫婦は、仲むつまじく暮らしていました。妻のイザナミはたくさんの神を産んだ末、火の神を出産して亡くなってしまいます。

悲しんだイザナギは黄泉《よみ》の国まで迎えに行きますが、すでに黄泉の国の食べ物を口にしたイザナミは生き返ることはできません。あきらめきれずに黄泉の国の奥に入ったイザナギは、イザナミのすでに腐敗して変わり果てた姿を見てしまいます。見られたイザナミは怒り、イザナギを追いかけます。イザナギは命からがら逃げ帰り、黄泉の国への道を封印します。

【読み解きの例】 物事はすべて変化します。どんな人間関係にも、いつか別れが来るのです。イザナミの死を別の視点から見れば、それは新たな旅立ちでもありました。

現に、イザナミはすでに新しい世界である黄泉の国でしっかりと地位を築いていました。与えられたステージで成長していたのです。イザナギだけがイザナミの成長についていけず、取り残されてしまったのです。

この状況は、同僚は転職したが自分は相変わらずの日々を送っている、同期の華々しい活躍を横目に自分だけが成長できず焦っている、そんな状況にたとえることもできます。

そんな時、「過去は過去、今は今」「相手は相手、自分は自分」と区切りをつけて、人をうらやまず、お互いを尊重しながら、自分のやるべきことに取り組むことの大切さをこの神話は教えています。

過去に区切りをつけて新しいステージへ進みたい時に、イザナギ、イザナミを祀る神社に参拝すると、成長への後押しが得られます。

オオクニヌシに学ぶ、弱さと向き合い成長する術

【ストーリー】根の国を訪れたオオナムチ（のちのオオクニヌシ）はスセリビメと恋に落ち、ヒメの父であるスサノオに結婚の許可を求めます。ところが、スサノオはオオナムチを気に入らず、さまざまな試練を与えます。

オオナムチは蛇だらけの部屋や蜂でいっぱいの部屋へ入れられたり、焼き殺されそうになったりするのですが、そのたびにスセリビメに道具をもらい、ピンチを切り抜けます。

危機を脱したオオナムチは、寝ているスサノオのひげを木の杭に縛りつけ、スセリビメと駆け落ちしようとします。スサノオは目を覚ましてひげを杭から解き、二人に追いついて結婚を認め、オオクニヌシと名乗って出雲を治めるようにいい渡します。

【読み解きの例】 ここには、オオナムチからオオクニヌシと改名するくらいの大変革があります。名前が変わるのは、その人のアイデンティティが変わるほどの変容です。弱さから逃げなければ、古い自分から脱皮して新たな可能性を開き、生まれ変われることを教えてくれています。

オオクニヌシはいくつもの試練を与えられました。この試練とは、自分自身が抱える葛藤や不安、しがらみ……といった弱さの象徴です。その弱さと立ち向かうためにスセリビメが与えた道具は、「自分では気づいていない可能性」を象徴しています。たとえば、弱さと向き合うための強さ、助けてくれる人、これまでの経験でつちかった知識やスキルです。

自分の意識や可能性を開いて弱さを克服し、新しい道に進みたいと思った時に、オオクニヌシが祀られている神社に行くと、新たな世界を切り開く力を得ることができます。

ちなみに、神話の中には、龍神、龍蛇神《りゅうだしん》が新天地に導く話が多く見られます。

たとえば、交通など「道」の安全を守護する最高神とされる宗像大社のご祭神は龍神と関わりが深いですし、スサノオが高天原を追われて天から降りた地は龍神のいる出雲国でした。

そのスサノオが倒したヤマタノオロチも龍神です。龍神が与えた試練を乗り越えることで、スサノオは認められ、妻と出雲の国を得たのです。一見、悪者のヤマタノオロチですが、スサノオがまかせるに足りる人物なのかを試した神様だったのです。

また、退治されたヤマタノオロチの尾から出てきた剣が、時代が下るとヤマトタケルの神話にもつながり、三種の神器の一つとなっていきます。

パフォーマンスを劇的に上げる方法

次は、龍神思考の中で、私たちが幼い頃からもっている能力についてお話ししましょう。それは、好きなことに夢中になって物事に取り組む能力です。「好き」と言っても、「なんとなく好き」なのか、「時間を忘れて夢中になってしまうほど好き」なのかでは、レベルが違いますね。

どんなに好きなことでも、その中には面倒なことや努力が必要なこと、苦手なことも含まれるものです。しかし、心の底から好きなことであれば気になりません。その姿勢が仕事をする上で大きな力になります。

物事に没頭すると、人は圧倒的な力を発揮します。これは、「ゾーン」（変性意識）に入りやすくなるからです。このゾーンに、子どもは好きなことをするだけでたやすく入っていけますが、大人となると、そう簡単にはいきません。

しかし、大人でも、物事をする際に常に、「今、自分は何のために行動するのか」「誰のためにやるのか」を考え、強く意識して取り組んでいくうちに、いつのまにか無心になり、ゾーンに入っていけます。こうすることを習慣にしていくと、ゾーンに素早く入るトレーニングとなります。ゾーンに入れば、仕事のパフォーマンスは劇的に上がります。

たとえば、クリエイティブな発想やひらめきが湧き、細やかな気配りもできる。事務処理能力がアップする。少しでも相手に喜んでもらいたいと準備し、最高の自分を見せられるようになる。充実感があるので表情も明るくなり、龍神だけでなく、人の目にもとまりやすくなる。

没頭するように仕事をすれば、自然にそんな状況が生まれます。

同じ時間を「今度の休日、何しようかな」と考えながら仕事する人と、目の前のことに集中して、「少しでも顧客や取引先の役に立てないか」と考えながら働く人では、出せる結果がまったく違ってくるのは当たり前ですね。

たとえ今、何に対しても夢中になれなくても問題ありません。没頭する能力は誰でも生まれた時からもっているので、意識して磨くことで必ず取り戻せます。

龍神思考を使いこなす3つのポイント

これまで基本的な龍神思考についてお話ししてきました。これらを意識して行動していけば、必ず龍神の後押しがやってきます。

その龍神思考を上手に育てて使いこなすために、次の三つのポイントを意識してください。

①「穴埋め思考」をやめる

龍神思考を育む中では失敗や間違いも当然あります。うまくいかない状況もやってきます。

その時、自分や人を責めたり、いつまでもクヨクヨ悩んだりせずに気持ちを切り換えることが大切です。

「なぜ、失敗したのだろう」と必要以上に考えたり、「自分はダメだ……」と自己否定したりする考え方を、マイナスの穴を埋めようと必死になる「穴埋め思考」といいます。穴埋め思考におちいると、空いた穴を埋めるための言動を選ぶようになります。

しかし、穴を埋めても、やっとゼロになるだけで、プラスにはなりません。それよりも、**どこをプラスにできるかと考えるほうが人は成長します。**

②ビジョンを明確にする

物事を達成するために、明確なビジョンは欠かせません。どこに向かっていけばいいのかわからないのでは、龍神も後押しできませんね。

あなたにも、望むビジョン、目指すゴールがあるはずです。もし、今ひとつはっきりしていなければ、この機会にイメージしてみましょう。


どんな仕事をして、何を作りたいのか。

どんな自分になりたいか。

誰をどんなふうに幸せにしたいのか。


具体的に思い浮かべ、自分の言葉にしていきます。

コツは、頭の中だけで終わらせず書き出して、しっかり言語化することです。ビジョンが明文化されたら、それでＯＫ。そこにたどり着くルートは、まだ決めないようにしましょう。

なぜなら、**龍神のもたらすチャンスや課題は、一見遠回りに思えたり、自分の目的**

と関係ないように思えたりするものが大多数だからです。ビジョンを達成するまでのプロセスを厳密に計画していると、そのプロセスを外れているものについては「これはチャンスじゃない」とスルーしてしまい、チャンスを逃す可能性があるのです。

予想外の展開が、実はチャンスにつながることが多々あります。

龍神にお願いした後は、やってきたチャンスを信頼して本気で取り組む熱量が試されます。

③継続すると決める

龍神が出会いやチャンスをもたらしてショートカットさせてくれるとはいえ、一朝一夕で成功できるわけではありません。果物の種を植えて翌日実るわけではないのと同じように、現実的に結果が出たり、自分の成長が感じられるようになるまでにはある程度の時間が必要です。

まれに、一夜にして大成功したように見える人もいますが、そこには何年もの地道な努力があるのです。また、たとえ実力が伴わない状態で成功しても、自分の「器」がしっかり育っていなければ、すぐうまくいかなくなります。

迂回しているように見えて、実はその間に自分の器を大きくしたり、信頼できる人間関係を構築したりしている。また、逆境にさらされているように見えて、実は精神的なタフさを身につけている……。そうやって**龍神はあえて想定外の道を歩かせ、あなたの成長を促すこともあるのです。**

そんな時、停滞期や逆境にあっても目標を見失わず、コツコツ継続していく意思も大切になってきます。

逆境や停滞時期を地道にもちこたえて自分の器を大きくできた人が、強運と呼ばれる人になるのです。

「頭打ち期間」こそ飛躍へのチャンス

龍神思考を使って進んでいくプロセスで、必ず訪れるのが「頭打ち期間」です。

運の量が右肩上がりとなって望む運気に乗って成功すれば、それに越したことはないかもしれません。

しかし、**運気には「波」があります。**

上昇すれば必ず下降する。これが大自然の摂理です。どんなに順調な人生にも、「今なんとなく運気が停滞しているな」「最近モチベーションが落ちてきたな」「このままでいいのかな」と感じる時がやってきます。

運がいい状態が永遠に続くとしたら、人は傲慢になったり、マンネリ化してしまったりするものです。

頭打ち期間とは、そんな人間がさらなる飛躍を遂げるために、龍神があえて私たちの足を止めてくれている期間です。緩急をつけ、体力や実力をたくわえながら着実に進むことが、結果的に安定した成功へとつながります。

とはいえ、この時期は誰もが悩み、焦って右往左往します。

「今、足踏み状態だ、まずいぞ」と感じられる人は、感知力や分析力がある証拠です。そんな「できる人」ほど、頭打ち期間に突入すると、「自分のやり方が間違っていたのではないか」と自らを責めたり、「突破口を探すために何か手を打たなければ」と焦って不要なスキルを新たに学んだりしてしまうものです。

しかし、それではさらに混乱するだけです。

頭打ち期間が来たら、次のステージに上がるタイミングです。

この期間をどう過ごすかが、運気の波を乗りこなす大きなポイントになります。状況をネガティブに捉えるのではなく、成長している証拠だと捉えて、次のステップへの充電期間や作戦タイムにしてください。

頭打ち期間は、「トンネル期間」「踊り場期間」「扉の前に立っている期間」の三つに分けられます。

- **トンネル期間**…出口が見えず、暗中模索の日々が続く期間
- **踊り場期間**…能力の限界や、自分の器の小ささを感じる期間
- **扉の前に立っている期間**…次のステージが見えているのに進み方がわからない期間

それぞれに特徴がありますが、まず共通している攻略法をお話ししていきましょう。

①今のステージでやるべきことを完了させる

頭打ち期間を突破して次のステージへ行くためには、現在のステージでやるべきことをきちんと完了しなければなりません。これも大事な龍神思考です。

しかし、頭打ち期間が訪れるほどの結果を出せた人たちは、思考力に優れ、アグレッシブに動ける人たちなので、自分の置かれたステージでだいたい八〇パーセントくらいまでやるべきことをやってしまうと、こう考えます。

「このままやっても先は見えている」

「他にも自分にできることがあるのではないか」

「自分のやることにワクワクしなくなった」

初めは、やることなすこと新鮮でスタートダッシュできますが、状況を見通せる力があるので人より早く限界が見え、第三コーナーを回ってゴール間近になると、慣れも手伝って情熱が感じられなくなってしまうのです。

しかし、実はそのタイミングこそ、次のステージへ行けるか行けないかのターニングポイントです。

一〇〇パーセント完了しなかったら、次の世界へ行けません。**龍神は、すべてやり**

きったところで、新たな活躍の場を用意してくれるからです。

「やれることはすべてやってきたけれど、このままでいいのかな」と感じるようになった時こそ、「まだやり残したことがある」「この状況で学べることがある」と考え、やるべきことに真剣に取り組んでください。

そうすると、完了まで八〇パーセントくらいだったメーターがスーッと上がって、「終了！　次のステージへ」と思える状況がやってきます。

オセロでいえば、ボードのすべてのコマを自分の色にするつもりで取り組めば、ゲームが完了し、新しいボードがボン！　と目の前に現れるのです。

②罪悪感を払拭する

頭打ち期間には、「こんなところで足踏みしてはいけない」と必ず罪悪感が芽生えます。仕事がテキパキできる有能な人ほど、罪悪感が出ると思ってください。

そもそも龍神が後押しするのは、他人のせいにしたり世の中を責めたりしがちなタイプよりも、自分で自分の責任を取って進んでいくタイプの人です。

そういう人が頭打ち期間に入ると、本来は冷静に状況分析して過去の失敗を教訓にできる人が、罪悪感に苛《さいな》まれて負のスパイラルに陥ってしまいます。

たとえば、一〇〇の力で邁進《まいしん》してきたとしたら、その力をすべて使って、今度は「これではダメだ」と自分自身を攻撃してしまうのです。

しかし、残りの二〇パーセントをしっかり完了させることで次のステージへ行けると知っていれば、不要な罪悪感に悩まされることもなくなります。

③過去を振り返る

頭打ち期間に突入した人は、必ずこれまでのプロセスの中で、次のステージで使える「武器」や「強み」を獲得しています。

焦る気持ちや自責の念をコントロールして自分が手にしているものを見直せば、過去はすべて未来への「資産」になります。それと同時に、これまでを振り返り、足りなかったところや修正すべきところを見直して取捨選択しましょう。

過去は、あなたへのプレゼントのようなものです。

記憶を振り返れば、自分の失敗や成功のパターンが見えてくるはずです。それらを書き出し、何を武器として取り入れればいいかを分析してみましょう。

新たなステージへの突破口を通過するためには、過去という財産を糧にして前進すればいいのです。

英気を養いながら、過去を振り返ったり状況分析したりして冷静にこの見直し期間を過ごせば、新たなステップへの準備が整います。そうすれば、次のステージに進んだ時、大躍進を遂げられます。

大きな課題や悩みは、分解すれば攻略できる

頭の中を占めている悩みがあるのに、解決策が見つからない。

取り組むべき課題がありすぎて、にっちもさっちもいかなくなった。

そんな時には、感情が大きく揺れてしまいます。しかし、問題が大きいと思っているから、「もうダメだ」と絶望したり、「どうしたらいいんだろう」と焦ったりするのです。特に、お金がからむと人は冷静さを保てません。

「さあ、困った」という時に役立つのが、「サッカーボール型の消しゴム」です。

あなたも昔、一度はあの丸い消しゴムを手にしたことがあるのではないでしょうか。そして、あの消しゴムが六つに分解できることも覚えているのではないでしょうか。

できれば、文房具店などで、ぜひあの消しゴムを入手してください。そして、消しゴムをバラバラに分解していただきたいのです。

もし難しければ、半分に分けるだけでもかまいません。

実際に手を使って消しゴムを小さなパーツに分けていくと、あることに気づくかもしれません。実は、**今は手にあまるほど大きくのしかかっている問題も、状況を分析していけば、小さな問題に小分けできるということに。**

たとえば、業績が上がらないことについて、もんもんと悩んでいたとします。

でも、問題を分解してみると、チームの連携、上司や部下への対応、取引先対策、商品やサービスの改善、自分自身の能力向上、体力やモチベーション維持など、いくつかの課題に分けられるはずです。そうすると、それぞれの対処法が見えてきます。

大玉転がしで使うような大きな玉が迫ってきたら走って逃げたくなりますが、手に載るほどのパーツに分解できるとわかれば、自分で対処できると思えてきます。そう思えれば、自然に対策を考える余裕が生まれます。

「なんだ、それだけのことか」と思うかもしれません。

しかし、これを頭の中でやろうとすると、感情が邪魔をして個別の問題にフォーカスできません。ノートに書き出して整理しようとしても、感情の処理と思考の整理がつかない状態なので、問題解決につながる分析はなかなかできません。

しかし、子どもの心に戻って手を動かしていると、脳が刺激され、普段は使わない神経回路が働きだします。

立体物を分解しているうちに、いつもと

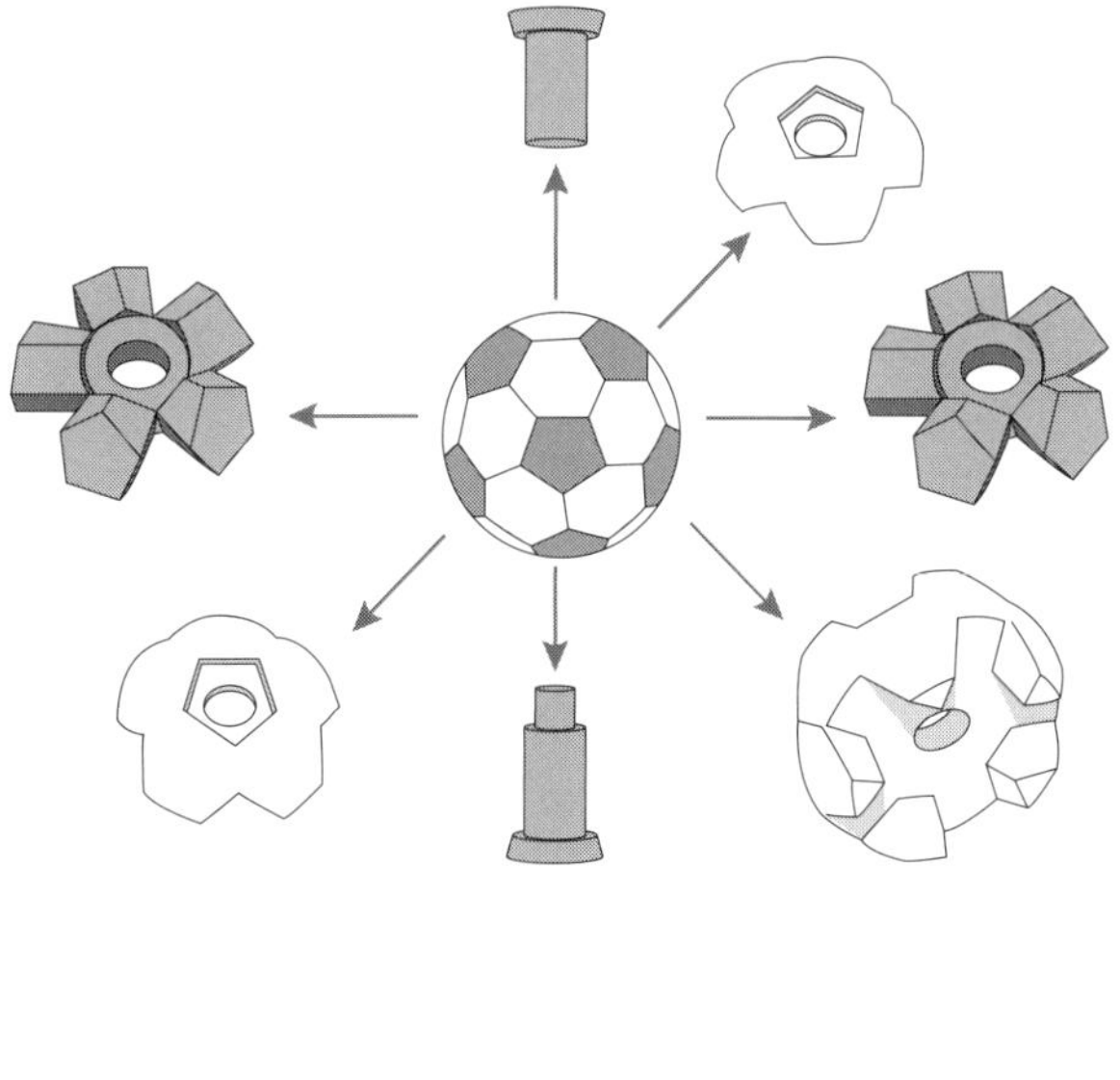

は違う思考回路にアクセスし、それまでは思いつかなかった解決法が浮かんだり、斬新なアイディアが湧いたりするのです。

この方法は、将来の目標に対して、「今」何ができるかを考える場合にも使えます。

頭打ち期間3パターンの乗り越え方

では、頭打ち期間のそれぞれの特徴と攻略法をお伝えしましょう。

①トンネル期間

トンネル期間は、将来への展望も、現状の突破口も見えず苦しい時期です。

しかし、現実の世界ではトンネルがあるからこそ、険しい山道を登ることなく一直線に目的地にたどり着けます。

人生のトンネル期間も同じで、暗闇を進んでいるように見えて、実は運のショートカットをしている時期です。その証拠に、トンネルを抜けると今までとはまったく違うステージが用意されています。

ただし、トンネルの中にいる時は、この状況がわからないので焦ります。

そんな時は、ひたすら目の前のことに集中しましょう。

暗いトンネルでは、どんなに目をこらしても先は見通せません。ですから、中・長期視点を確立しようと思っても無駄な努力に終わります。とにかく、短期目標をクリアすることに専念してください。

ひたすら目の前の作業に注力していると、ある日、差し込む光に気づくでしょう。

その光が見えてきたら、その先が出口です。ダッシュで出口へ向かいます。

具体的には、「今までとは違う案件を依頼される」「新たなプロジェクトが始動する」「新規事業のヒントがひらめく」などの変化が起こります。

「これだ」と思うものがやってきたら、全力投球してください。すると、「トンネルを抜けたな」と実感できるタイミングが訪れます。その時のすがすがしさを楽しみに、トンネル期間を駆け抜けてください。

②踊り場期間

踊り場期間は、自分の限界や器の小ささを感じる時期です。それまで地道に努力して順調に階段を登ってきたけれど、ふと足が止まって周囲を見ると、上には上がいて、自分の能力のなさやいたらなさに打ちのめされてしまう、そんな時期です。

「自分なんて、こんなものか」「やっぱり自分はまだまだだ」と気落ちするのが踊り場期間の特徴ですが、それは傲慢にならないために必要なことだと捉えましょう。

この時期は、「何か学ばなきゃ」「情報を入れなきゃ」とやみくもに行動しがちですが、**「何もしない」ことを心がけてください。**

しかし、やるべきことがただ一つあります。それは、先ほどお話しした「過去を振り返ること」です。

長い階段の途中には、必ず踊り場があります。踊り場は、いったん立ち止まって振り返るところ。そして**自分の昇ってきた道を上から見渡してみるところなのです。**そこには、これまで得てきた財産がたっぷりあるはずです。

振り返りの一つとして、手元にある名刺を整理したり、メールボックスをさかのぼってチェックしたりして、しばらく会っていなかった人に連絡を取ってみましょう。

特に用事や目的がなくてもいいのです。近況報告や様子うかがいの連絡をもらってうれしくない人はいません。食事やお茶などに誘って、「最近、どう?」「今、こんなことを考えていてね」と気軽におしゃべりを楽しむ時間をもつのもいいでしょう。

そこに必ず、自分自身を認められるようになる気づきや、次のステップにつながるヒントがあるはずです。そうやって過去を振り返ることで意外なつながりや発見ができるのが、踊り場期間の特徴です。

③扉の前にいる期間

次のステージへの扉は見えているのに、開けるタイミングがわからないので、「どうやって開ければいい?」と歯がゆくなる時期です。

たとえば、新規事業の計画があったり、新たな営業先が見つかっていたりして、次にやるべきこともわかっている。でも、一歩踏み出せない。

あるいは、転職先の目星がついていたり、人生を方向転換させる時期だと自覚できたりして、「本当にやりたいことはこれだ」とわかっているのに動き出せない。

それが「扉の前にいる期間」です。

このタイミングが来たら、扉を出現させ、その前に連れてきてくれたのは龍神の後押しがあったからだと意識しましょう。

そして、その扉を開いて、次のステージへ踏み出すのは自分自身です。

実際に行動することでしか、扉は開きません。同時に、今までやってきたことを完了しないと扉は開きません。

この時期に来た人には、今までなんとなくないがしろにしてきたことや、見て見ぬふりをしてきたことがあるはずです。加えて、新たなステージへ行くために、変えなければならない習慣や切らなければいけないしがらみもあるかもしれません。

もし思い当たることがあるなら、しっかり向き合いましょう。

人生を方向転換させるのは、それからです。

方向転換には、勇気が必要です。「どう思われるだろうか」「批判されないだろうか」「リスクはないだろうか」と恐怖を感じるでしょう。

だからこそ、目の前の扉を開けていいかどうか悩むのです。

この場合、徹底的に悩んでください。心が決まらないのに、無理やり行動してもうまくいきません。いろんなシミュレーションをしてとことん悩み尽くしたら、ある時、踏ん切りがつくタイミングが来ます。

悩んでいる最中は、「ああもう、どうしよう！」と声に出すのもありです。決断できない「グダグダな自分」を楽しむつもりで、リフレッシュのために旅行に行ったり、神社にお参りしたりするのもおすすめです。

その他に、時間やお金を「浪費」するのも一つの手。

もちろん、浪費といっても限度があります。でも、これまで努力したからこそ扉の前まで来ているのですから、次のステージへの活力と思って、自分で決めた無理のない金額を心地いいことに使ってみましょう。あなたはこれまで、一瞬たりとも無駄にできないとがんばってきたかもしれません。

その行動パターンをいったんやめて、心のままに遊んでみる。つまり、新しい考え方や視点を手に入れるためにあえて目的志向をやめてみるのです。

すると、龍神が次のステージに関係する情報や出会いにつなげてくれます。思いがけない情報や出会いがあり、それまでの枠組みから出てみようかと思えるようなチャンスに恵まれるでしょう。

繰り返しますが、**頭打ち期間は、自分が成長した証しでもあります。**

懸命にこなしてきたことがあるからこそ、「壁」が見える。本来はいいことなのです。

ですから、頭打ち期間は人生のチャンス。停滞したり、窮地に陥ったりしているように見えても、次のステージへの種まき時期がようやく訪れたと思ってください。

頭打ち期間に実践すべき強運アクション

■アドレス帳の整理をする

終わらせるべきことがあるのはわかっているけれど、何をすればいいのか、どうしても思い浮かばない。そういう時は、いくら考えてもそれこそ「頭打ち」です。

そんな時は頭ではなく、体を動かしましょう。

一番のおすすめが、**「片づけ」**です。運を上げたり状況を打破したりするのに片づけをやるといいのは、あなたもきっと知っているでしょう。でも実際には、なかなか手をつけられないのではないでしょうか。

それはたぶん、「やり始めると大変」と思っているからです。そういう人は、まずは簡単な、スマートフォンのアドレス帳やパソコンデータの整理から始めてみてください。

一気にやろうとすると時間がかかってしまいます。ですから、一度にアドレス三件を整理するくらいでかまいません。時間がなければ一件でも大丈夫です。

データ整理はつい後回しになってしまいがちですが、**まったく使っていないアドレスがデータとして存在するのは、変化を固辞しているエネルギーになっているともいえるのです。**

パソコンでもスマートフォンでも不要なアプリやデータがあると、その分電力を消費し、作動速度が遅くなりますよね。私たち人間も、不要な物を溜め込んでいるとエネルギーを消耗します。

たかがアドレスと思うかもしれません。でも、されどアドレスなのです。

アドレス帳を整理した後、気分が乗ってきたら、部屋や資料の片づけに入りましょう。

■ヘアカット

美容院へ行き、髪をカットしましょう。

エネルギー的に見ると、髪の毛は龍神や神様のご神気（パワー）を取り入れるアンテナの役割を果たします。その髪にハサミを入れると、にぶっていたアンテナの感度がアップします。大胆にヘアスタイルを変える必要はありません。髪を整える程度でも効果大です。

■足の裏のケア

物事が停滞しているなと思う時は、たいてい足の裏やかかとに厚い角質がついています。不要なエネルギーが角質という形でこびりついているのです。

これを手入れしてきれいにすると、古いエネルギーも一緒に取り除かれて、やる気が湧き、滞っていた運が動きだします。

これらの強運アクションはすべて、エネルギーをリセットして、にぶっていた感知力をアップさせてくれます。

実は、同じ効果を神社でも得ることができます。龍神や神様が代わりにエネルギーをリセットしてくれるのです。自力も大切ですが、時には龍神や神様の他力も借りてみましょう。

神社や自然の中に行ってリフレッシュしたあと、アドレス帳やデータの整理をすると、その効果がさらに高まります。

龍神がもたらす成長資金、ドラゴンマネー

龍神はサポートの一つとして、あなたに「ドラゴンマネー」を用意してくれます。

ドラゴンマネーとは、人間が成長するために龍神がもたらしてくれる成長資金のことです。

たとえば、開業や業務拡大、設備投資の資金、あるいはスキルを磨くための学費や留学費用、その他に次のような費用も入ります。

「リフレッシュしたいから、旅行資金が欲しい」

「ステージアップするために、洋服や美容にお金をかけたい」

「安心してやりたい仕事に専念するために、当面の生活費を貯金したい」……。


「旅行や洋服もなんて、ムシがよすぎない？」と感じるかもしれませんね。

でも、**「自分の成長のため」という軸がぶれなければ、龍神は応援してくれます。**

「もっとパワーアップして、自分の力を社会に還元していきたい」と本気で望んだ時、龍神は必要なお金を喜んで準備してくれるのです。


「何の実力も実績もない自分に、そんなお金がやってくるだろうか」と、今は自信がなくてもかまいません。結果ではなく「プロセス」を重視するのが、龍神です。

彼らが見ているのは、あなたに「成長したい」という意志があるかどうかです。

ただし、「思っているだけ」「言っているだけ」では願いは通じません。

行動に移さなければ、「本気ではないんだな」とみなされます。

自分や社会にとってよりよいビジョンを思い描き、心の底からそれを実現したいと本気で望んで行動する人、実行力のある人に、龍神はドラゴンマネーをどんどん融通してくれるのです。

ドラゴンマネーが手元にやってくるのはどんな人か、自分が龍神になったつもりで、どんな人に投資したいか、考えてみてください。

人の足を引っ張る人や傲慢な人、まったく努力しない人に大切なお金を投資したいとは思いませんね。

やはり、日々がんばっている人、誰かのためにできることはないかと常に考えている人、骨惜しみせず周囲のために動ける人に投資したいと思うはずです。

ドラゴンマネーを得られた人たち

龍神に信頼され、応援される人になれば、ドラゴンマネーは自然に入ってきます。

行政書士のＦさんも、そんなドラゴンマネーを手にした一人です。

Ｆさんは、起業を志す人をサポートする起業セミナーを立ち上げたいとずっと願っていました。そして、龍神や神社とのご縁を深めるうちに、ただ思っているだけでは実現しないということに気づいて、さまざまな場所で会った人たちに、その願いを話すようにしたのです。

　すると、ある方がＦさんを商工会議所のトップに紹介してくださり、とんとん拍子に立ち上げることができました。これは現在も続いていて、八期目を開催しているところです。

「この第一期目の開催にあたっては、補助金の申請の締め切りまで週末を含めて三日しかないという厳しいスケジュールでしたが、それまで自分なりにイメージをふくらませてカリキュラムを組んだり、講師の目星もつけていたりしたのでスムーズに準備が整い、**奇跡的に補助金を得ることができました**。また、地道に自力を発揮していたら、いつの間にか他力が得られて夢が実現するということを実感した出来事でもありました」とＦさんは話してくれました。

　以前は、自分一人で必死にがんばり続け、「根性で何とかなる」と思っていたＦさんでしたが、今ではスタッフをはじめとする周囲の人に助けられつつ、自由にやりたいことをやりながら安定した経営を続けています。そしてこうも語ってくれました。

「見えない大きな力にゆだね、自分はやるべきことをきちんとやっていれば、いい流れに乗れる。そうわかっているので、結果に執着することもなくなりました。また、自分自身の変化を楽しめるようにもなりました。周りを巻き込んで、助けたり助けられたりしながらお互いに成長し、大きな渦を作るように運気が上昇していく。龍神の後押しを受けると、そんなことが本当に起こるのだと実感する日々です」

また、経営者のGさんにも、龍神思考を学んで習慣化していくにつれて、龍神の後押しを受けたドラゴンマネーだとしか思えないことが起きました。

通常なら数か月かかる大手企業の支払いがすぐに振り込まれるなど、資金の循環が早くなっています。その分、周囲への支払いや投資に回せるので、資金のいいサイクルが生まれているとのことです。

実は私も、ドラゴンマネーだったとしか思えない経験を二度ほどしています。

一度目は、起業して間もない二〇〇八年のことでした。起業するにあたり、私は学生時代からの貯金である数百万円をすべてつぎ込んでいたのですが、仕事は正直思うように伸びずにいました。

このままではいけないと思った私は意を決して、熊野のとある場所に出向いて龍神に「とにかく目の前にやって来たことはやるので、後押しをください」とお願いしたのです。

帰宅後、何気なくネットサーフィンをしていたところ、偶然、ぜひこの方から学んでみたいと思えるサイトにたどりつきました。すぐにその方にお会いするためにセミナーに申し込んだのです。

私とは業界もまったく異なる方でしたが、その関係者の方からのご縁で、もう寝る暇もないというほどのコンサルティングの依頼をいただくことができました。おかげで、気づけば起業に費やした数百万円を上回る金額をいただくことができたのです。

そして二度目の出来事は、数年前に業者にホームページの作成をお願いした時のことです。

打ち合わせや制作に半年以上の時間がかかったにもかかわらず、完成したホームページはお粗末なものでした。システムもめちゃくちゃだったため、あろうことかそれ以前にあったホームページのシステムも使えない有様となってしまいました。

ですが、制作業者にクレームをいおうにも、連絡がまったくつかず、行方不明。すでにその業者には数百万円を支払っていて、別の業者に頼む金銭的余裕もなければ、時間もありません。

ここで私はまた、龍神にお願いしました。

すると数日後、破格の安さでホームページ制作を協力してくださる方と出会うことができ、先の見通しが立ったのです。この間、わずか数日。光明が見えたことで対策も立てられ、クライアントに迷惑をかけずにすみました。また、持ち逃げされた数百万円も、同じ頃出版した初めての本が好調で、ほぼ同額を埋め合わせることができたのです。

いずれの出来事も、まさに龍神に金銭的な窮地を助けてもらったものでした。

ただし、ドラゴンマネーが入ってきた自分を過信して有頂天になったり、「自分さえよければいい」と勘違いしたりしてはいけません。

余った時間やお金や労力を、今度は自分自身の価値を高めるために使うことが大切なのです。なぜなら、龍神はそのために力を貸してくれたからです。

そのうえで、休暇や遊びも取り入れ、常にリフレッシュと仕事というオン・オフの切り換えができるようにしていきましょう。

相手の「光」となることを意識する

強運になるとは、つまるところ、人や社会を巻き込んで味方につけ、お互いに助け合える力をもつことです。自分が人を助け、また助けてもらう。そのサイクルが大きくなれば、自然に強運な人生になっていきます。

では、人を助け、また自分自身も助けてもらうために、何を意識していけばいいでしょう。

それは**「誰かの光」になること**です。

こういうと宗教的な言い方に聞こえるかもしれませんが、観念論ではなく、とても現実的な話です。

実際、私たちはすでに「誰かの光」になっています。

まず、毎日の仕事や家事で誰かの役に立っていますね。同時に、あなたの発する言葉や笑顔、ちょっとした親切も、人を助けたり幸せにしたりしています。

それらはすべて、他者にとっての「光」です。

その光が大きければ、大勢の人にいい影響を与えられます。信頼される人になり、周囲を巻き込み、ひいては社会を巻き込めます。その規模が大きければ大きいほど、強運になるのです。

といっても、大げさな取り組みは不要です。今すぐやれることの積み重ねが、結局は大きな変化を生むのですから。

今すぐ始められることを、二つご紹介しましょう。

一日一回でいいので、接した人すべてによい影響を与えられるよう意識して過ごしてみましょう。

たとえば、駅の売店やコンビニ、カフェなどで、店員さんに「ありがとう」と笑顔でいう。

知り合いとすれ違った時に、「こんにちは」と気持ちよく挨拶する。

「そのくらい、もうやっている」と思うかもしれません。でも、自分が相手の光となっているのだと実感しながら、心を込めて同じことをしてみてください。

ある調査によると、コンビニの店員さんは一日二〇〇人ほどの接客をするそうです。その中で、お礼や挨拶をする人はまれだといいます。

仮定の話ですが、もし店員さんが悩みや問題を抱えていたとして、あなたが心からお礼をいったことで沈んでいた気持ちが安らぐことがあるかもしれません。相手が人生に行き詰まっていたとして、その一言で心がふと明るくなって、「またがんばろう」と思い直す可能性だってないとはいいきれません。

長時間でなくていいのです。**一日一回、「自分が誰かの助けになれるかもしれない」と思って過ごしていけば、しだいにその意識が定着します。**

すると、ふとした場面で心遣いや気配りができるようになり、「相手の光になれる自分」が育っていきます。

もう一つ意識していただきたいのが、**「光の言葉」を発する**ということです。

時折、心の支えになる言葉や勇気が出る言葉、うれしい褒め言葉をかけてもらうことがありますね。また「この人の考え方は素敵だな」「こんな生き方がしたいな」と、人生のお手本になるような言葉に出会うこともあります。

私はそれを「光の言葉」と呼び、ノートに書き留めて折に触れ見返しています。

落ち込んだ時などに、そのノートからどれほど力をもらったかわかりません。

そんな光の言葉を人にプレゼントしましょう。たとえば、こんなふうに……。


私の経験ですが、学生時代に思うところあって「就活はしない」と宣言しました。

その時、親友が私の手を取り、目を真っすぐに見てこういってくれたのです。

「あなたなら、絶対大丈夫！」

内心、不安だった当時の私は、とても勇気づけられました。

今でも時折、この言葉をお守りのように思い出します。結局、学校の推薦を受けられることになり、誰よりも早く内定をもらうことができました。

また、学生時代、社会人の先輩からもらった言葉も印象に残っています。

その先輩からいつもご馳走になっていたので、「たまにはお返しをしたい」と伝えたところ、「自分も先輩からおごってもらってきたから、あなたが就職した時に後輩に同じことをしてあげてね」といわれたのです。

そうやって、自分が継承したい生き方を人に伝えていくのも、「光の言葉」です。

あなたには、どんな「光の言葉」がありますか？

その言葉を探し、人に伝えられる自分になろうとする姿勢。そして、その言葉を自分の人生で実践しようとする過程そのものが誰かの光になっていきます。

まさにそんな人を龍神はすすんで後押ししてくれるのです。

第三章

「場」の力を使える人が成功する

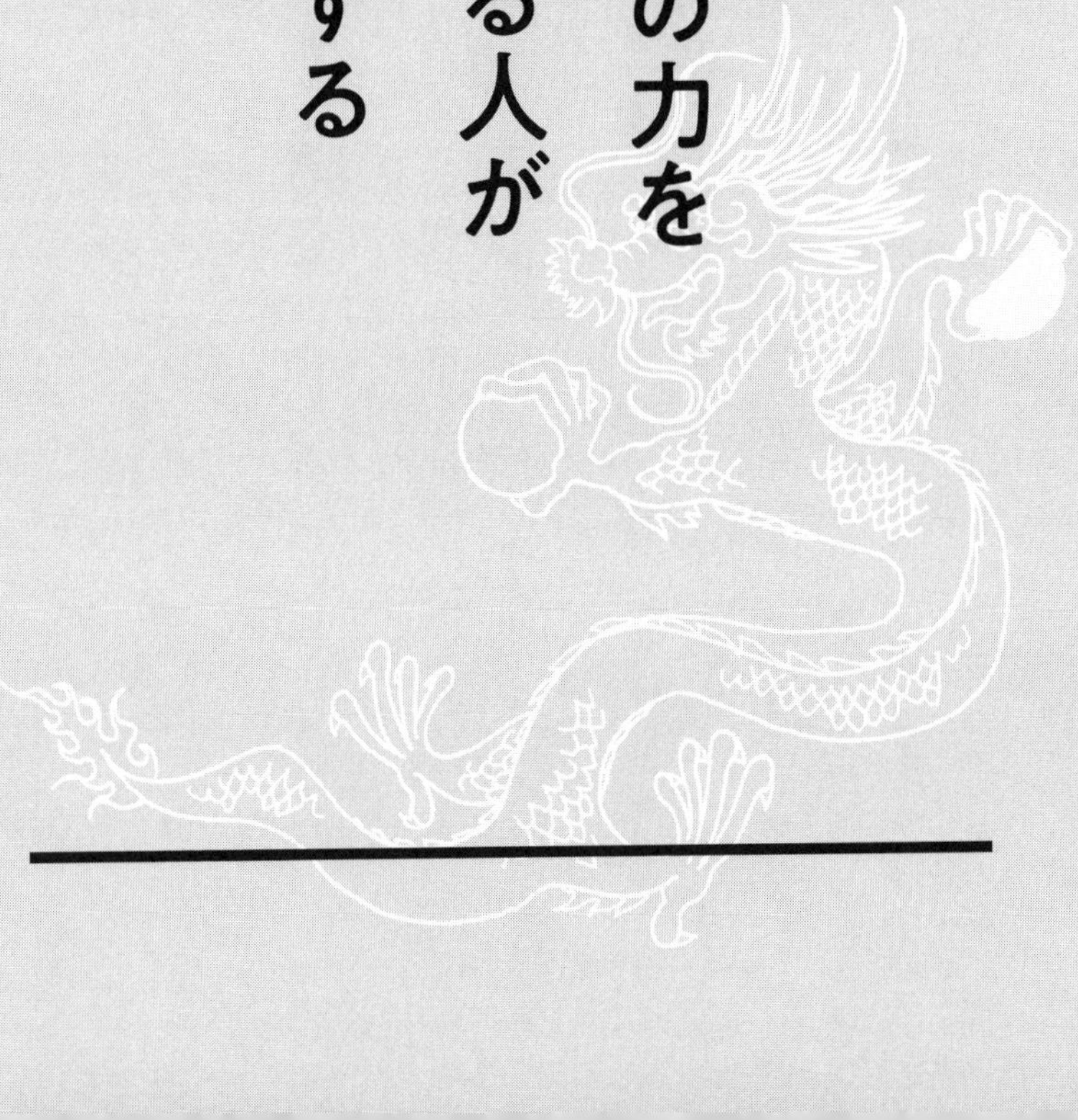

どんな「場」ですごすかが成功を左右する

この章では、**龍神に後押しされるために意識してほしい「場」の力**についてお話ししていきましょう。

場とは文字通り、私たちがふだん過ごしている場所のことです。

どんな場で過ごすかは、人間のパフォーマンスに大きな影響を与えます。

たとえば、大音量の工事現場で企画を練ったり、スクランブル交差点の真ん中でリラックスしたりするのは難しいですね。また、ストレスの多いブラック企業に勤めていたら、どんなに有能な人材でも力を発揮する前に消耗してしまいます。

場とは、外界要因そのものです。

どんな場で、誰と関わるのか。

さらには、**自分自身がどんな場を作るのか。**

それが今後、あなたが成功するか否かを左右するといってもいい過ぎではありません。では、その「場」は、どんな要素から成り立っているでしょうか。

私たちが過ごす「場」には、次の二つの空間があります。

■物理空間…見える世界、五感で感じられる世界
■情報空間…見えない世界、五感で感じにくい世界

もちろん、私たちの目には物理空間（物体や肉体）しか見えません。

でも、そこには無形の情報が無数に存在する空間があります。

ふだん気づかないだけで、私たちのいる場所にはたくさんの情報の存在する空間があり、そこでは目に見えない情報が飛び交っているのです。

「目に見えない情報」というと、アヤシイと思われそうですね。

でも、たとえばテレビやラジオ、Ｗｉ‐Ｆｉの電波、あるいは私たちの感情や思考、意図……。どれも見ることも触れることもできませんが、情報として存在しています。

そして日常生活に影響を与えています。

情報空間には、場所や物の発するエネルギー、自分自身の記憶や知識、思いや念、気など、「目には見えない情報」すべてがあります。龍神や神様が存在しているのも、この情報空間です。

また、パソコンやスマートフォンの中、人間の脳内も、まさに情報空間そのものです。スマートフォンで写真を見ていたとします。そのスマートフォンを分解しても物理的な写真が出てくるわけではありません。写真は情報という状態に変換され、スマートフォンのメモリーに保存されています。この情報が保存されているメモリーが情報空間です。そして、情報空間というメモリーは、イメージするならシャボン玉です。

一つの「場」に、神様や龍神の世界の情報、過去や未来の情報、「あの世」や見えない存在の情報など、さまざまな情報空間のシャボン玉が同時に存在しているイメージです。

さらに細かくイメージすれば、メモリーであるシャボン玉の中には、情報ごとに分解されたフォルダとなる小さなシャボン玉が重なり合っています。実際には見えなくても、私たちの世界は多数の情報空間のフォルダが折り重なってレイヤー（層）を作っているのです。

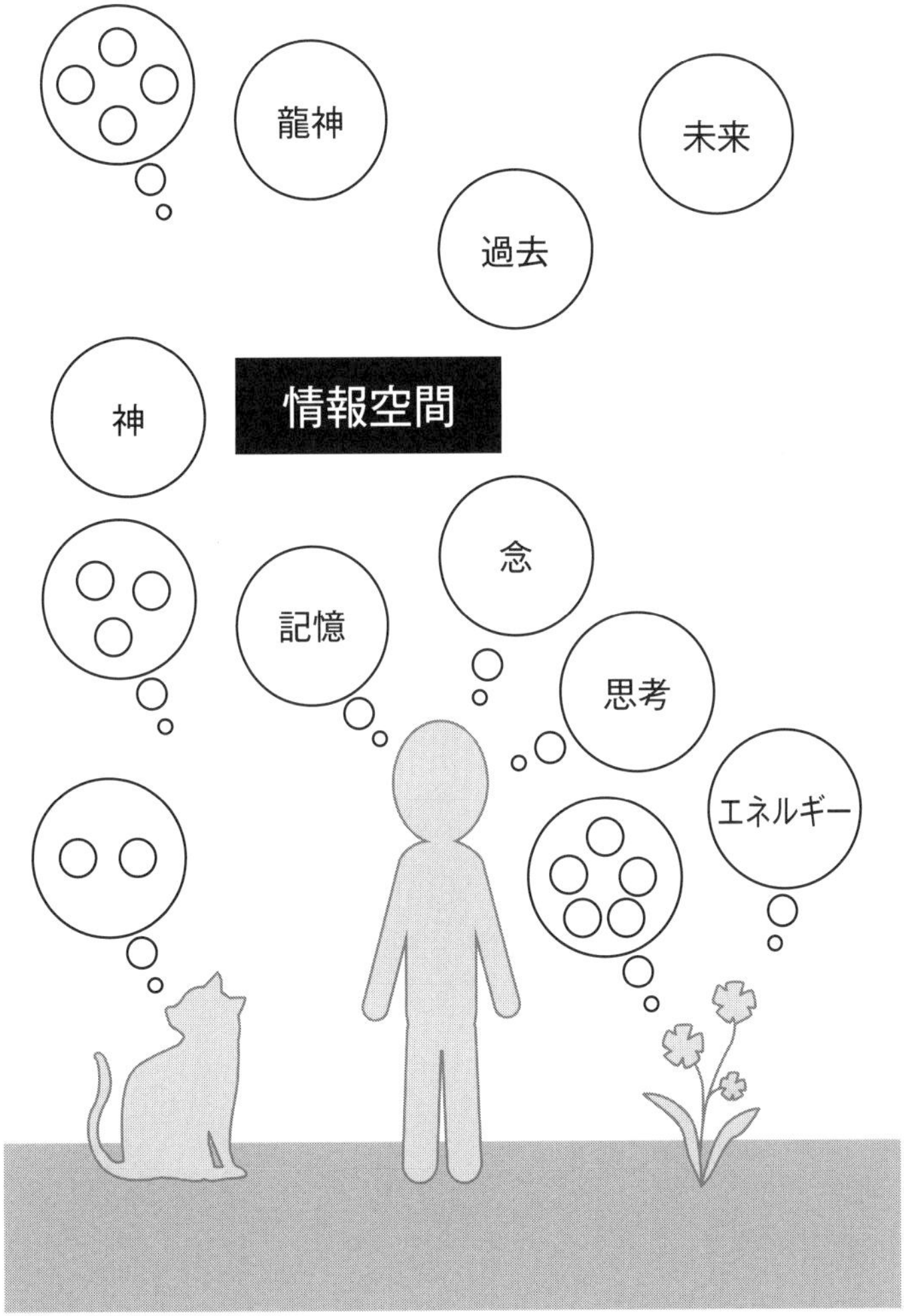
龍神
未来
過去
神
情報空間
念
記憶
思考
エネルギー

私たちは無意識に、その場の情報空間にある情報を浴びています。

たとえば、雑踏の中を歩くのは、いろいろな人が考えている情報を脳が受け取りながら歩いているのと同じです。ですから、人混みで集中して物を考えようとしたり、アイディアをふくらませて企画を練ろうとしたりしても難しいわけです。


情報空間は、情報が入っている場であり、「器《うつわ》」です。

これは、いわば「虚《きょ》」の世界。陰陽で言えば、「陰《いん》」の側にあたります。

虚や陰がなければ、「実《じつ》」も「陽《よう》」も成り立ちません。情報空間があって初めて、現実が生まれるというわけです。

情報空間と物理空間が表裏一体となって、私たちの世界を成立させています。

情報が現実を動かす仕組みを体感しよう

「人間は無形の情報によって動かされている」といっても過言ではありません。

私たちの意識もまた、情報の一つです。その情報という無形のエネルギーが、どのように体という有形の物質を動かし、現実を作るのか？

ここで、簡単な実験をしてみましょう。

座ったままでもいいので、130〜131ページに示すAとBの動作をしてみてください。

そして、AとBで、体をひねって左後方に伸ばした時の右手の位置を比較してみましょう。

何の情報もなかったAの時より、「リンゴをつかもう」と情報をイメージしたBの時のほうが右手を大きくグッと後ろへ伸ばせたのではないでしょうか。

しかし、実際には物理空間にリンゴという物体があるわけではありません。物理的な肉体を、情報でしかないリンゴが引っ張っていく。

これが、**「情報が物理（＝現実）を動かす（情報をエネルギーに変換する）」**ということです。

【A】

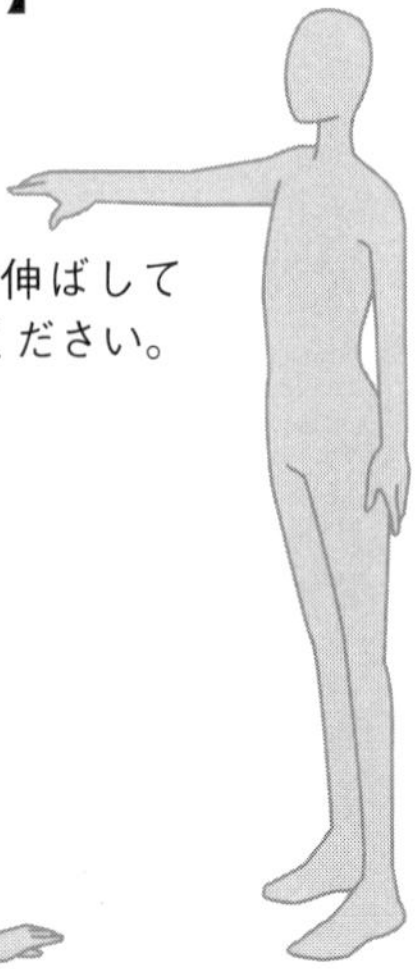

1 右手を前に真っすぐ伸ばして
肩の高さまで上げてください。

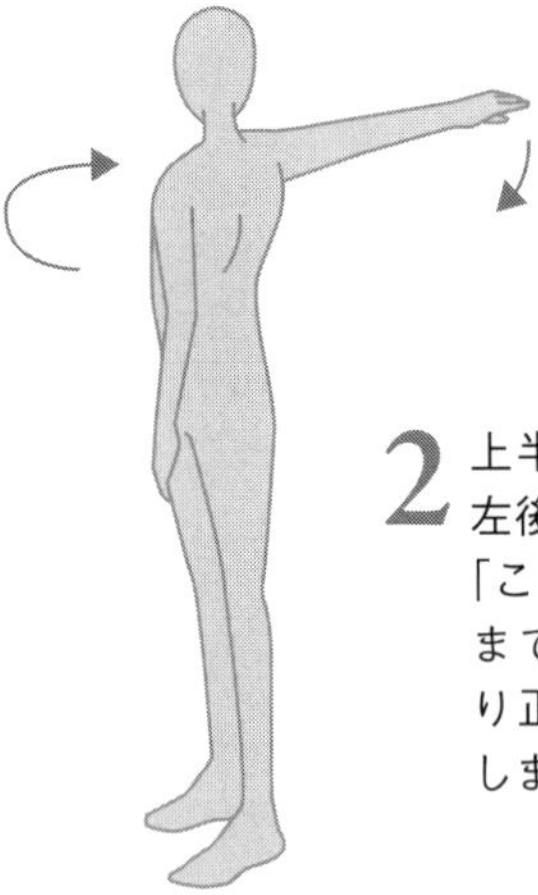

2 上半身をひねって、右手を
左後方へと伸ばします。
「これが限界」と思うところ
まで行ったら、体をゆっく
り正面に戻し、右手を下ろ
します。

無理をしないよう、注意して行ってください

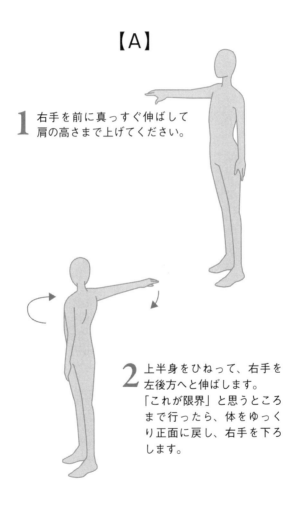

【B】

1 Aの①と同じ動作を行います。

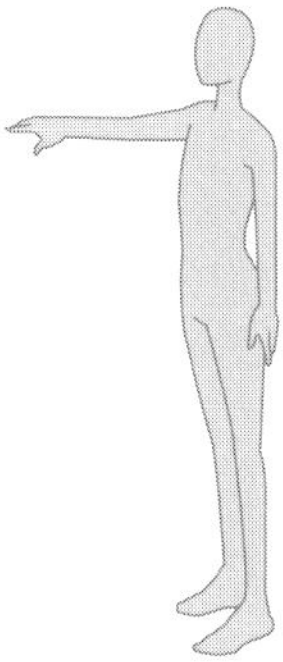

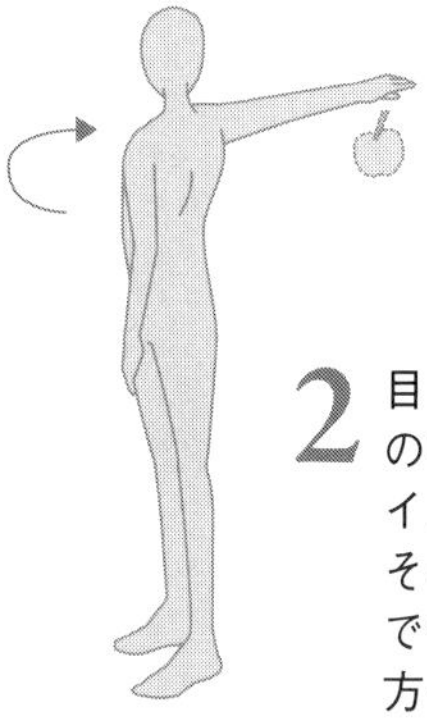

2 目を閉じて、右手の先、左の後方にリンゴがあるのをイメージします。
そのリンゴをつかむつもりで体をひねり、右手を左後方へ伸ばしていきます。

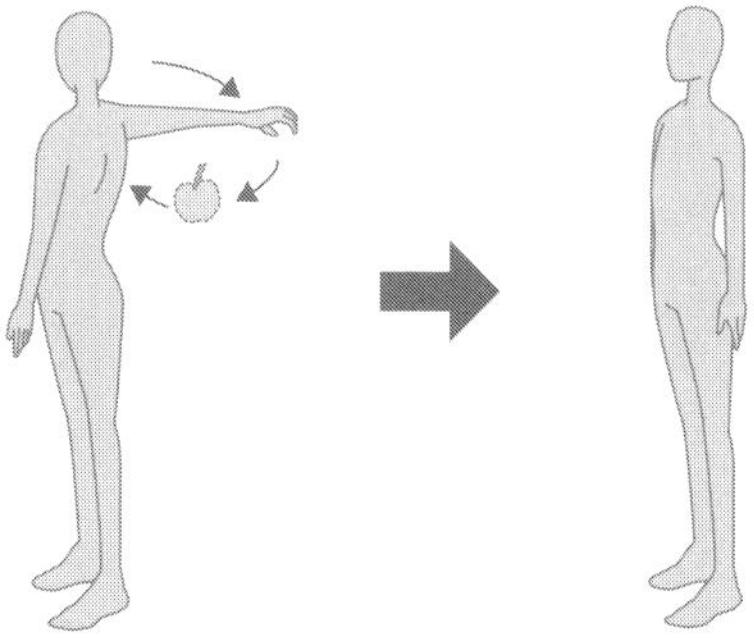

3 リンゴがひもでさらに左後方へグングン引っ張られていくのをイメージします。そのリンゴを右手でつかもうとして、どんどん伸ばしていきます。「これが限界」と思うところまでいったら、体をゆっくり正面に戻し、右手を下ろします。

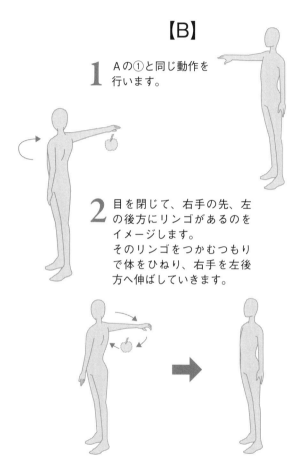

情報空間につながると現実が変わる

情報空間にある情報は、もちろん見ることもさわることもできません。

しかし、そこは無限ともいえる情報にあふれています。

この情報空間にアクセスしてよりよい「場」を作っていくことが、強運になるために欠かせないポイントとなります。

「見えない世界がある」というだけでも、「エッ」と思うのに、そこにアクセスするなんて特殊な能力がないとできないと思われるかもしれません。

しかし、私たちはふだんから見えない世界である情報空間を読み取っています。

たとえば、「あの人にはオーラがある」「彼には覇気が感じられる」などとよくいいますが、これは**私たちが相手の情報空間を読み取っている証拠**です。その人がかもし出す雰囲気や印象、気配、エネルギーなどの情報を無意識に感じ取って表現しているのです。

また、交渉事では相手の表情や気配を察しながら駆け引きをしていくものですが、そういった「言葉にできない感覚」も情報空間からキャッチしています。

芸術作品を見て感動するのも、その作品にこめられた情報を受け取っているからです。新しい場所や空間に入った時に、「ここはすごく気持ちいい」「この場には長居したくない」などと思うのも、その場の情報空間の影響を受けているわけです。

私たち日本人には、無形の情報をキャッチする繊細な感性があります。

「何となく感じる」
「気配を察する」
「空気を読む」

表現はさまざまですが、すべて、場の情報空間にアクセスして読み取っているからこそのことです。

情報空間は、インターネットのクラウドシステムのようなものだと捉えるといいでしょう。

クラウドシステムは雲にたとえられますが、もちろん、物理的に雲が存在しているわけでも、その雲の中に物体が入っているわけでもありません。

一定の情報空間に情報がデータとして収納され、必要な時に所定の方法でアクセスすればダウンロードできる、というのがクラウドシステムです。


私たち自身も、自分の核になるクラウドをもっています。目には見えませんが、頭部の後ろのほうに固有の情報空間があり、常にそれを背負っているような状態です。いろいろな神様とご縁をつないできた人は、それぞれの神様のクラウド（情報空間）もそこにあります。**これらの情報空間が増えるほど、その人の存在感が増します。**

仏像の後ろには「光背《こうはい》」と呼ばれる装飾物がついていますが、あの神々しい飾りのように背中の後ろに大きな情報空間が広がっているイメージです。相手の情報空間を、私たちは「オーラ」や「気」と呼ばれる言葉で感じ取っているのです。


人や場の情報空間から、情報をダウンロードして受け取っているのは、私たちの脳です。脳が意識を向けると、必要な情報空間から必要な情報がダウンロードされます。

その目には見えない情報を自在にやり取りしてくれるのが、龍神たちです。

龍神は、異次元、異空間を自由に飛び回ることができる存在です。ですから、物理空間に情報空間の力を運んでくるのが得意です。

私たちが目的を達成するために必要なフォルダを開け、その情報を活用して現実をつくる手助けをしてくれるのです。

龍神の力を借りれば、情報空間というクラウドへのアクセスやダウンロードが速くなり、「データ通信」がスピードアップします。

すると、「一瞬でひらめいた！」「斬新なアイディアが浮かんだ！」と、自分でも驚くほど発想力や直感力が磨かれていきます。また、感知力が高まり、「今がチャンスだ！」と瞬時にわかるようになります。

そして最終的には、どんな物理空間においてもリーダーシップをとり、自分の力を発揮できるようになっていくのです。

会社を経営するHさんは、龍神の存在を意識するようになってから感知力が高まっていくのを実感していました。日常で五感を意識し、人や景色の細やかな変化に注意を向けるようにしたところ、それまでも同じ場所を通っていたのにまったく目に入らなかった木や建物などにも気づけるようになったのです。

自分がいかに周囲を見ていないかに驚きましたが、その習慣を続けていくうちに面白い変化が起きました。**商談中に相手の考えていることが何となくわかるようになったり、目の動きで話の展開が予測できるようになったりしたのです。**

まさに、龍神の力を借りて情報空間へのアクセスが容易になったのでした。

同時に、経営者でありながら実は人とのコミュニケーションが億劫《おっくう》だったというHさんですが、その苦手意識が払拭され、今では公私にわたって円滑な人間関係が結べるようになりました。目上の人からかわいがられるようになったりして、おかげで以前とはレベルの異なる大きな仕事が舞い込むようにもなったのです。

また、驚くようなシンクロニシティで人とのご縁がつながることも増え、その展開の速さに驚いているということでした。

第三章

「場」の力を使える人が成功する

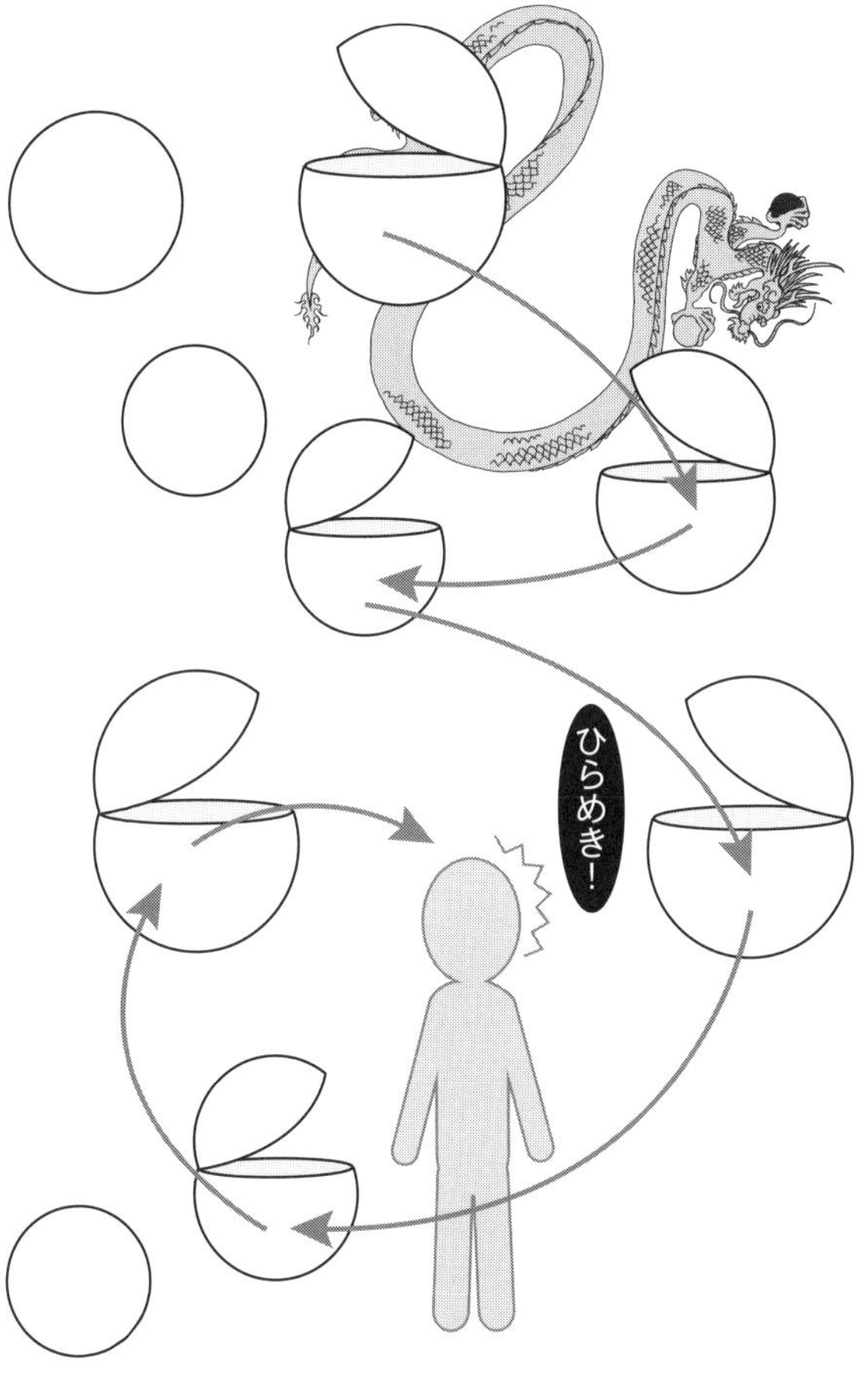

同じ時間で何倍もの情報を得る秘訣

情報空間を上手に使うとはどういうことでしょうか。

たとえば、「成功したいなら、行く場所やつきあう人を選べ」とよくいいます。成功している人がどんな思考をして、どんな視点でどのように行動しているかを学んで自分の人生に生かすために、行動範囲や言動をその成功者と同じようにすることも手段としてよくあることです。

これには、「ミラーニューロン」と呼ばれる脳の神経回路の性質が関係しています。ある研究では、ミラーニューロンは相手の行動や思考をそのまま鏡のように真似する機能であり、一種の「共感システム」だともいわれています。

よく、長年連れ添った夫婦や、飼い主とペットは、顔つきや表情、雰囲気がよく似てきて、あうんの呼吸でお互いの考えていることがわかるようになるといいます。これはお互いの情報空間を長年共有することでミラーニューロンが働き、考え方やクセを真似し合った結果、それが互いに定着して起こる現象です。

この現象を利用して、相手と自分の脳という二つの情報空間が密度濃く関わることで「門前の小僧」のように成功するための情報を手に入れることができます。

「こうなりたい」と思うイメージがあるなら、目標とする人や場の情報空間にアクセスすればいいのです。

ただし、単になりたい人と会ったり、その人が行く場所に足を運んだりするだけでは不十分です。ここで情報空間をうまく使う必要があるのです。

成功するためのアドバイスとして、「高級ホテルのラウンジなどエネルギーがいい場所に行ってお茶するといい」といわれることがありますが、これは決して間違いではありません。でも、ただお茶をして「優雅な気分だな」と満足して帰るだけでは、リラックスやリフレッシュだけで終わってしまいます。

それも大事なことではありますが、情報空間の存在を意識すれば、もっと「得られるもの」があるのです。

たとえば、そこに来ている人の服装や立ち居振る舞い、雰囲気などを観察してみてください。

「あのファッションは素敵だな。信頼できる印象をかもし出せるな。自分だったらどう着こなそう」

「あんなふうに落ち着いて話せれば、商談もうまくいくな」

などといった「自分ならどうするか」「自分に取り入れられる要素はないか」といった視点で想像力を働かせながら見ていくのです。

すると、同じ時間で多くの情報を取り入れられるだけではありません。

脳は、高級ホテルのラウンジという情報空間を「自分事」として捉え始めます。しだいに、その場にいる自分が「当たり前」になっていきます。

脳は常に情報空間から情報をダウンロードしています。ですから、自分に置き換えて、イメージして過ごしてください。それが「アクセスする」ということです。

どんな場にいても、この視点は同じです。自分がその場や人の情報空間から何を得たいのか、どんな自分になりたいのか、という明確な目的意識を常にもっていると、同じ時間でも得られるものが何倍にもなります。

生まれ育った土地が強運を呼び込む

私たち全員がもっている、特別な「場」があります。

それは、「生まれ育った土地」です。

どんな場にも情報空間が重なっているとお話ししてきましたが、土地そのものも例外ではありません。地球上のすべての場所に、その土地を守る神様のエネルギーはもちろん、そこに暮らしてきた人々の意識、歴史上起きた出来事などの情報がすべて蓄積されています。

出生地や子ども時代を過ごした土地の情報空間には、あなたの幼い頃の情報も残っています。あなたと特別な縁でつながっている「ホーム」なのです。

実家から離れて暮らしている人は、帰省して故郷の自然や風景を目にすると、ホッとして心からくつろげる感覚があるはずです。ですから、帰省シーズンやふとしたタイミングに「田舎に帰りたい」「実家でのんびりしたい」と思う人も多いでしょう。

それは離れた場所にいても、生まれ育った土地があなたの無意識の部分にエネルギーや情報を送り続け、「世界は安全だ」という情報を送ってくれているからです。幼い頃過ごした場所は、自分自身のアイデンティティを確認でき、パワーをもらえる場なのです。

でも、残念ながら現在では多くの人が生まれ育った土地との関係が希薄になっています。それは、常に「アウェイ」で戦っているのと同じ状態です。すると、心身ともに疲れ、自分に自信がもてず、意欲的にもなれない、自分の「軸」がぶれて不安や心もとなさを感じる、といった状況が起こりやすくなります。

なぜかというと、自分のルーツと切り離されているからです。それで、自分自身の基盤がゆらぎ、地に足をつけて前進しにくくなるのです。

そこで、「自分には故郷がある」「いつでもホームに帰れる」という意識が強くなれば、安心感が生まれます。その感覚が「世界は味方だ」という世界観を育み、次のチャレンジへと向かう意欲を育てます。

ですから、強運人生に歩み出そうとしている今こそ、子どもの頃に過ごした土地を訪れてみましょう。それが大きなサポートとなるはずです。

生まれ育った土地への訪問には、次のような「一石四鳥」ものメリットがあります。

①心のセキュアベースができる

セキュアベースとは、心理学で使われる「心の安全地帯」を意味する言葉です。

ホームにいると、まさに安心を感じて肩の力が抜け、心が安らぎます。

想いをはせれば、無事に生まれてきたこと自体、私たちが世界から守られ、助けられている証です。生まれた土地に行けば、無意識レベルでその恩恵を感じられるので、心のセキュアベースが強化され、日常生活における安心感が増します。

②世界観を変えることができる

セキュアベースができると、自分の力を発揮しやすい世界観へと変わっていきます。

「世界は安全であり、思いきり活躍できる場所」という世界観ができれば、現実の捉え方が変わり、のびのびと自分の力を発揮できるようになります。

③ゾーンに入りやすくなる

ゾーンにいる時は、自分の潜在意識の力とつながって普段は使えない能力を発揮できます。この時、脳は変性意識状態です。

未就学児の脳はこの変性意識に入りやすい脳波の状態にありますが、成長すると脳の状態が変わり、ゾーンになかなか入れなくなります。しかし、子ども時代を過ごした土地で当時を思い出すと、脳内の回路が再び潜在意識とつながりやすくなり、変性意識に入りやすくなります。つまり、ゾーンに入りやすくなるのです。

すると、今まで無意識につながってきたさまざまな情報空間を意図的に使って、革新的なアイディアやひらめきが湧きやすくなります。

④「土地神」から後押しが得られる

子ども時代を過ごした土地は、あなたと先天的な地縁がある土地です。そこには、土地を守るたくさんの神様がいます。

あなたがその土地に戻ることで、ご縁のある土地神たちからの後押しが得られます。

現地を訪れるだけでも土地の情報空間とつながり、恩恵を受けられますが、さらにつながりやすくなる方法をお教えしましょう。

昔の遊び場だったところや通った学校、思い出深い場所を実際に訪れ、散策しながら子ども時代の思い出を振り返ってみてください。同時に、その近くの神社にも参拝しましょう。神社はその周辺の土地を守ってくれています。

好きだった遊び、夢中になっていたこと、友だちとのやりとり……。記憶が呼び覚まされるたびに脳の神経回路がつながり始め、子どもの頃の自分とのエネルギー回路が復活します。すると、変性意識に入りやすい状態が作れます。

生まれてからずっと同じ土地に暮らしている人は、幼稚園や保育園、学校や遊び場など、子ども時代によく行った場所に足を運んでみましょう。

引っ越しが多く、記憶があいまいな人は過去を振り返り、リスト化してみてください。小・中学校、高校くらいまで過ごした土地は、あなたと先天的に縁のある場所です。土地神や龍神は海外にもいますから、日本以外で子ども時代を過ごした人も同じです。龍神は地球上の事象を守る存在なので、国境は関係ありません。

普段は忘れていても、脳内には過去の記憶が残っています。その記憶を思い出そうとすると、回路がつながり、情報空間へのアクセスが可能になります。まず、過去に住んでいた土地に思いをはせることが最初の一歩です。

過去にいた土地を訪れたい気持ちはあるのにすぐには行けないという場合でも、その土地の情報をインターネットで見たり、子ども時代のことを思い出したりしてみてください。

すると、出張でたまたまその土地を訪れることになったり、ひょんなことからプライベートで旅したりするような縁が結ばれます。あなたが記憶をたどって情報空間にアクセスすることで、龍神が土地とのご縁をつないでくれるのです。

神社参拝がつながる練習に最適な訳

情報空間にアクセスするには、今まで意識していなかった部分とつながるのですから、最初は少し練習が必要となります。

しかし、脳の神経回路は道路と同じで、使えば使うほど情報が行き来しやすくなっていき、記憶や機能が素早く呼び出せるようになっていきます。

普段使っていない神経回路は獣道のように細いので、初めは「思い出そうとしてもなかなか思い出せない」「つながろうとしてもキャッチできない」状態にあるかもしれません。そのままずっと使わなければ、いつしか道は閉ざされてしまいますが、その獣道も、何度もアクセスしようとすればどんどん太くなって幹線道路となり、いつしか高速道路になります。

つまり、「感じたい」「使えるようになりたい」「キャッチしたい」と思ってトライし続ければ、その神経回路は必ず太くなるのです。

その練習に最適な場が、神社です。

もともと神社は神様の神聖なエネルギーの宿る土地に社殿が建てられて、現在の形になりました。神社の本殿にはご祭神《さいじん》が祀られていますが、境内には他にもたくさんの神様や龍神がいます。境内の自然が、多数の聖なる存在の「依《よ》り代《しろ》」(神様のエネルギーが宿るもの)となっているからです。

神社は本来、私たち人間が龍神や神様の情報空間に入り、そこで交流するための装置として作られています。

神社の情報空間には、神様が守り続けてきた情報や龍神のエネルギーが満ちています。また、神社を子孫に代々守り継いできた先人たちの思いが残されています。神社にある情報は、他の空間にある情報とまったく質量が違うのです。

しかし、神社に参拝した時、私たちの視線や意識は、実際に見える社殿や境内の自然などの物理空間しか意識していません。そのせいで、神社の情報空間に存在する神様や龍神にアクセスしづらくなっています。

ですが幸いなことに、私たちには日本人ならではの細やかな感性があります。

神社に行って、「気持ちいいなあ」「すがすがしいなあ」「心が洗われるな」と感じるのは、龍神や神様の情報をキャッチしているからです。ですから、情報空間とつながろうと意識して参拝すると、その感性（感知力）がさらに磨かれていきます。

それに従って龍神や神様とのつながりが強くなり、運気もぐっと高まります。

情報空間にアクセスする目的で神社を訪れるなら、参拝の方法も変わります。

率直にいえば、「神前で手を合わせて、その後おみくじを引き、お守りをいただいて帰るだけ」「一度お参りして終わり」では、とてももったいないのです。

基本の参拝方法は157ページでご紹介するので、ぜひ今後の参考にしてください。

実際に神社で得られる5つの「後押し」

ここで、神社で私たちが得られる「後押し」についてお教えしましょう。

▒龍神や神様の後押しが得られる

龍神や神様には、物理的な肉体がありません。ですから、この三次元で行動できる人間をサポートして、地球をよりよい世界にしたいと願っています。

その力や情報をもっている龍神や神様に、自分のやりたいことをプレゼンしに行くのが参拝です。

社殿に手を合わせて、単に「よろしくお願いします」とお願いするのと、「**私はこ**

ういうことをやるつもりです。龍神や神様の情報、お力をお借りします」という意識でお参りするのでは、自分自身の心がまえも、龍神や神様に願いを聞き届けてもらう確率もまったく違ってきます。

どの神社にも龍神や神様がいますし、龍神は神様と協働する存在なので、両方のお力を借りるようにお祈りしたほうがスムーズに事が進みます。

174ページからのお祈りの方法を参考にお参りしていただくと、あなたの祈りが龍神や神社の神様に通りやすくなり、運に勢いがついていきます。

■リフレッシュできる

神社に行くと運が上がる大きな要因の一つが「自然の力」です。

自然には、ストレス軽減効果、リフレッシュ効果、セラピー効果があるということがさまざまな研究から報告されています。特に樹木の癒し効果は、日本発祥の森林セラピーの研究者たちによって体系化され、今や世界中に広まりつつあります。

その効果については滞在時間や自然の規模によって異なりますが、自然の中にいるとリラックスします。

すると、普段はストレスで緊張している脳も活発に動きだし、いつもは使えていない回路が本来の状態に戻ります、血流がよくなり、栄養分や酸素が行き渡るため、その場の情報空間から情報をダウンロードしやすくなる利点もあります。さらに、ストレスが少なくなることで、気持ちに余裕が出て思考や発想が活発になります。

また、自分の状況や他人のことも受け入れやすくなるので、人から「あの人は自分を受け入れてくれている」と思われ、人望が得られます。すると、ますますいい情報が入ってくるようになり、自分自身もいい情報を発信できるようになって、あなたのいる場が活気づいてきます。

人からあなたと関わりたいと思ってもらえることになりますから、営業やサービス業はもちろん、ビジネスにおいてそれは大きなメリットです。

▒モチベーションが上がる

私たちのエネルギーには波があります。三六五日、いつでもやる気満々というわけにはいきません。また、自分一人で情熱を燃やそうとがんばっても、うまくいかない場合もあります。そういう時に場の力が役立つのです。

なかでも神社は、情熱のスイッチをオンにしたい時に打ってつけです。なぜなら、龍神という他力があるからです。

龍神の力を借りれば、ロケットエンジンに点火したかのようにやる気が湧いてきて、はずみがついて運気の高まりが加速します。

しかも自分だけが突っ走るのではなく、他者も巻き込んで、一つのチームとしてハイスピードで動きだせるように取り計らってくれます。龍神の背にチーム全員で乗って、目的地に一直線に向かえる運気の波がやってくるのです。

■気持ちを切り替える

神社の境内には、意識に作用するための仕掛けが幾重《いくえ》にも張り巡らされています。

たとえば、入口の鳥居はこれから非日常の聖なる空間に入ることを意識させてくれます。長い参道を歩くプロセスで徐々に俗世を忘れさせる、手水舎《ちょうず》で口や手を浄《きよ》めることで心を浄化する、玉砂利を踏みしめる音で古いエネルギーを祓《はら》う……。これだけでもいくつものスイッチがあることがわかります。

ようやく社殿の前に立つと、堂々たる建物があり、厳《おごそ》かな気持ちになったところで鈴の音でさらに邪気を祓い、お賽銭《さいせん》を入れることで重ねて俗世の垢を落とし、神聖な存在に祈るのだと心に決めます。そうすることで私たちは、「これから神様の前で生まれ変わるのだ」という意識に変わることができるのです。

さまざまなプロセスを経ることで「ここは日常から離れた特別な空間だ」と認識すると、普段は使わない感覚や言葉、感情が出てきます。その時はもう、ふだんの気持ちからスパンと切り替わっているはずです。このように神聖な場で時間を過ごすことで、感情やエネルギーのスイッチを自動的に切り換えることができるのです。

▒「具体視点」と「抽象視点」をもてる

ビジネスで成功するために欠かせない視点が、「具体視点」と「抽象視点」です。

具体視点は、現実の課題や仕事をこなすために絶対必要ですが、それだけでは視野が狭くなってしまいます。目の前のことに集中しすぎると、進む方向が見えず、しだいに先行きに不安を感じ始めます。

問題を解決して結果を出すには、視座を上げて大局から見る抽象視点が重要です。

神社の神聖な気や自然に触れ、歴史に想いをはせると、「広い世界の中の自分」「長い歴史の中の自分」をおのずと意識できるようになります。すると、煮詰まっていた考えや混乱していた感情が解きほぐされ、打開策が見えてくるのです。

神社参拝の後押しなど気休めにすぎないと考える方もいるでしょうが、ここで実際に神社参拝による後押しを実感した人たちの例をご紹介しましょう。

医師のIさんは、神社参拝をするようになって以来、心の安定度がまったく変わりました。

Iさんは精神科医ですが、心の問題を抱えたさまざまな人を診察するには、自分自身の心身の安定が欠かせません。でも、それまでは職場の人間関係や仕事の方向性に悩むこともあり、どちらかというとストレスをためやすい性格でした。それが今では、いつも龍神や神様に守られていると思えるようになり、どんな時でも大きな安心感をもっていられるようになったのです。

また、不思議なことに、**神社に参拝に行くと、その直後に臨時収入があったり、以前から望んでいた出来事が起きたりするということです。**

Iさんは、神社でお祈りするということは、一方通行ではなくコミュニケーションだと実感しています。それは拝殿の前でお祈りしていると風が吹いてきたり、近くの木の枝が揺れたりして、神様や龍神から返事をいただいているように感じることがよくあるからだそうです。

もう一人、前にもご紹介した経営者のGさんには、後押ししか思えない不思議な変化がありました。

買い物や食事でお店を利用すると、Gさんの入店後にお客さんがどんどん続いて入ってきて満席になるケースが多いということを感じているそうです。たとえ入店時に人がほとんどいなかったとしても、Gさんが出る頃には店内が大勢の客で賑《にぎ》わっている、といったことが頻繁にあります。

最初は偶然だと思ったのですが、あまりにも同じことが続くので今では当たり前の出来事となっている、とのこと。

また、前を歩く人やすれ違う人から振り返られることが圧倒的に増えたそうです。

これも毎日のことなので今では慣れたということですが、初めは自分がおかしな雰囲気を出しているのかと疑ったほどでした。しかし、怪しげに見られているわけではなさそうなので、おそらくは自分が発している「気」のようなものが大きくなり、存在感が増したのではないかと分析しています。身長は変わっていませんが、ふだんより視線の位置が二、三センチ高くなり、心身ともに確実に若返っている実感があるとGさんはいいます。

食事や会合、パーティーなどに誘われることが増え、人間関係が多彩になり、仕事面ではいい案件が確実に増えたとのことでした。

さらに、Gさんの仕事には厳しい交渉事も多いのですが、神社に行く習慣ができたことで上手にストレスを発散できるようになり、感情をコントロールできるようになったそうです。神社参拝と龍神思考を習慣化することで、仕事のパフォーマンスが上がり、先を明確に見通せるようにもなったので経営判断のスピード感も増している、と喜んでいました。

神社参拝の基本

①鳥居の前で、「お邪魔します」という気持ちを込めて一礼し、中に入る。
鳥居や楼門の両脇に随身像《ずいじん》が祀られている場合は、向かって右の像から順に軽く一礼する。

②手水舎《ちょうず》で手と口を清める。
水が張られていなかったり、淀んでいたりする場合などは、「禊《みそ》ぎの神様、よろしくお願いいたします」と手を合わせるだけでもよい。

参道を歩く際は急がず、神社の情報空間に入っていくつもりで、リラックスしながらゆっくり歩く。

③拝殿でお賽銭（硬貨）を差し上げる。
乱暴に投げ込まず、そっと入れる。

④ごあいさつとして、二礼二拍手一礼する。鈴がある場合は、先に鈴を鳴らす。

⑤合掌し、両手の親指をクロスするように重ね合わせる。どちらの指が上でもよい。

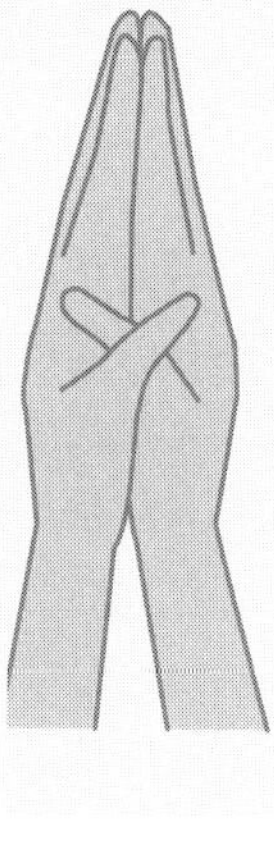

⑥両手の中指を、拝殿の奥付近（自分がお祈りを向けたいと思った場所でＯＫ）に向け、指先を向けたところに視線を合わせる。拝殿内に祀られている鏡に向けてもよい。

⑦「住所、氏名、生年月日、生まれ年の干支《えと》」を心の中で伝える。胸の中心を意識しながらいう。誕生日がその年の立春前の場合は前年の干支をいう。

⑧「今日は参拝させていただき、ありがとうございます。〇〇神社にいる神様方、龍神たち、どうぞよろしくお願いいたします」と挨拶する。

お参りできた喜びと感謝を伝える。気持ちがこもっていれば、文言は自分でアレンジしてよい。

⑨プレゼンする気持ちで願いや目標を伝え、最後に「自力を発揮しますので、後押しをお願いします」と加える。

⑩感謝の気持ちを込めて、二礼二拍手一礼する。

本殿裏の摂社・末社（本殿以外のお社）にお参りする場合は、本殿で「これから奥に入らせていただきます」と伝える。

詳しくは拙著『「神旅®」のはじめ方』（KADOKAWA）をご覧ください。

神社での過ごし方の秘訣

■神社は神域なので、龍神や神様のいる神聖な場所にお邪魔するつもりでマナーを守り、参拝する。

■拝殿（本殿）だけでなく、摂社・末社や境内の自然、ご神木《しんぼく》、池など、自分が気になったところ、気持ちいいと感じるところでお祈りするとよい。

■参拝後はすぐに帰らず、ご神気《しんき》（龍神や神様のエネルギー）をいただくつもりでゆったり過ごし、境内の自然や空、風などを感じる。

■ベンチに座って「なんでなんで内省」（177ページ）や企画のブレスト、アイディア出しなどをすると、インスピレーションが湧きやすい。

■日頃の悩みを聞いてもらうつもりで、心の中で神様に話しかけるとスッキリする（龍神はコーチのように課題を与えて成長させるのが主な役目なので、この場合はその神社の神様をイメージするとよい）。

■事前に神社のホームページを見たり、現地では案内図や由緒書きに目を通したりして、歴史や由来を知ったうえで参拝すると、より理解が深まってパワーを受け取りやすくなる。

■一度目の参拝は、縁を結ぶ「ご挨拶」と捉え、機会を見つけて何度も足を運ぶことで龍神や神様と深くつながり、後押しを得られやすくなる。

龍神時代のリーダーの条件とは

「場を制することができる人」が成功する、といっても、それは相手を威圧して発言権や権力を独占することではありません。

場を制するとは、いい換えれば「リーダーシップをとる」ということです。

これまでの時代は、カリスマ性のある人が道を示して旗をかかげ、他者を引っ張っていくことがリーダーシップでした。しかし、龍神時代に求められているのは、ワンマンタイプのリーダーではありません。

龍神が力を貸してくれるのは、

「一緒に存在するすべての人にとって、よい結果が得られるように導ける人」
「みんなが力を発揮し合って、目的に向かえるように働きかけられる人」

そんなリーダーシップを発揮しようとする人です。

ですから、「自分だけ勝てばいい」と考える人や「自分が全責任を負う」と一人で気負う人、独力で何でもできると思っている人は、龍神のサポートが得にくく、ますます孤軍奮闘しなければならなくなるでしょう。

古代より龍は、天帝から天命を受けた者の象徴とされていました。

それが飛鳥時代の頃に日本に渡ってくると、天皇をはじめとする有力者に受け入れられ、リーダーのシンボルとなりました。

また、龍は水の化身とされていますが、為政者《いせいしゃ》にとって大勢の人のためになる重要な仕事が治水事業です。洪水が起これば農作物が被害を受けますし、人命も脅《おびや》かされます。なので、水を治めることが民《たみ》を守るために何より重要なことでした。水を治めるには水をつかさどる龍の力を借りる必要があり、それができる者がリーダーとなれた、というわけです。

龍神は、「リーダーシップを発揮して、自分の力も周囲の力も同時に高めてほしい」と望んでいます。それを一言で表すなら、「場の力を高める人になってほしい」ということです。

情報空間の集まりである場の力は、その中にいる人のパフォーマンスに影響を及ぼします。**龍神時代のリーダーとは、場を高める情報空間を引き出せる人です。**自分や相手から、情報を引き出すことで場の力は高まります。それにより、自分だけでなく、その場にいる他の人のパフォーマンスもともに上げることができるのです。

細やかな気配りやコミュニケーションを大事にして「場」全体の力を高める人に、龍神はその人の存在を高めるための影響力やドラゴンマネーをドンと授けてくれるのです。

窮地に立つ者を成功へ導く歴史的ルート

関ケ原（岐阜県不破郡）で徳川方と石田三成による天下分け目の戦いが行われたのは、皆さんもご存じのことと思いますが、関ケ原は天武天皇の起こした一三〇〇年前の壬《じん》申《しん》の乱でも大きな戦の舞台となっています。大軍を動かすには地政学的に関ケ原しかなかったという説がありますが、天武天皇は初め吉野に逃げ、そこの勢力を味方につけて伊賀を通って鈴鹿を越え、名古屋のほうに上がってきて関ケ原で大戦を交えています。その後、京都に戻るのです。

実は、本能寺の変の直後に、数人の部下だけを連れて堺にいた徳川家康も、明智方の追っ手から逃げるのに伊賀から鈴鹿へ抜けるルートをとっています。のちに大業をなした二人が窮地に陥った時に同じ地域を経由するルートを使用しているのです。

そして、鈴鹿には、昭和の時代に大業をなした松下幸之助氏が神様の一人として祀られている椿大神社《つばきおおかみやしろ》という神社があります。

この椿大神社の主神は、サルタヒコノオオカミです。

サルタヒコは天の八衢《やちまた》という分岐点でニニギノミコトを迎えて道案内したという神話があり、道開きの神様とされています。サルタヒコは鈴鹿の山に祀られていますが、物事をなす過程で危機に陥り分岐点に立った人物が、その危機を反転させるためにこの地域を通ってきたという史実には、偶然を超える大事な意味があるのです。これは神話の中のお話にとどまらず、まさに現実の世界でも「道開き」となります。

この鈴鹿から関ケ原までのルートは、流れを新しく切り替えたい時やかなり大きなチャンスがやってきた時に訪ねるといい場です。大きな舞台の転換期、それこそ頭打ちになった時に訪ねてみるのはおすすめです。

ここには、美濃の国の一の宮といわれる南宮大社《なんぐうたいしゃ》があります。

南宮大社は関ケ原の合戦で焼け落ちましたが、三代将軍の徳川家光によって再建されています。なぜわざわざ再建したのかというと、関ケ原を管轄し、守っているのが南宮大社だからです。徳川氏にとっては、関ケ原で勝たせていただいたおかげで時代が変わった、という大きな意味があるのです。

訪ねる際には神社だけではなく、その周辺にある史跡などもめぐると、龍神がより場の力をつなげやすくなります。

一度の訪問ですべてをまわるのは距離的に難しいので、このエリアの気になる場所だけでかまいません。特に、関ケ原を管轄する南宮大社や鈴鹿を管轄する椿大神社はポイントです。これらの場所をつなげてもらうと、龍神から、「〇〇をやるしかない」という状況」に追い込まれることでしょう。悩んでいるひまなどなく、それこそ大きな荒波に飲まれるような状況がやってくるはずです。しかし、その状況をこなしていくうちに、いつの間にか新しい流れに乗っていたり、大きなチャンスが来たり、次のステージに移行する準備が整います。

そうはいっても、時間的にどうしても遠出できないということもあります。

そんな時は、同じ系列の神社にお参りすることをおすすめします。神社には必ず同じ系列の小さな神社が各地にありますから、近くにないか調べてみてください。

もちろん、本社に行けるのなら、古代からある場の力を受け取るにはそれが一番いいのですが、無理な場合には、その場の力は系列社にも流れてきています。その力をお貸しください、とお願いするのです。

特に、**「運命を変えたい」と願う人には歴史を踏まえての参拝をおすすめします。**

場の力とは、時を超えて重なってくる先人の知恵でもあります。「望む未来をつかむために力をお借りする」という気持ちで龍神に場の力をつないでもらいましょう。

常に新しい運気に乗れる「常若《とこわか》のサイクル」

常に若々しく、衰えを知らず瑞々《みずみず》しい状態にあること。

この作用を日本では古くから、「常若《とこわか》」と呼んできました。

神道では、「常若」の考え方を大切にしています。伊勢神宮などで社殿を定期的に建て替える「式年遷宮《しきねんせんぐう》」の風習は、この考え方に基づいています。

しかし、この常若にはもう一つ奥の意味があります。**神社に参拝することで、人生に革新を起こし続けられるのです。**

神社に参拝すると気持ちの切り替えができ、モチベーションがアップします。それにより古いエネルギーを刷新し、新しく生まれ変われるのです。

この常若こそが、常に新しい運気を取り入れ、強運になるために必要な視点です。常若とは、すべてをクリアにして、一から新しくスタートすることではありません。今まで蓄積した知識や情報をすべて踏まえたうえで、何度でも新たな自分に生まれ変わり、成長していくことです。

私たちは日々多くの知識を取り入れ、日常の出来事からさまざまな印象を抱き、記憶や情報を蓄積しながら生きています。

ただし、知識や経験を一生懸命貯めるだけでは、人生に生かすことはできません。それらを自分なりにつないで初めて、新たな価値を見出すことができるのです。

「なるほど、そういうことか」「こうすれば、この問題が解決できるのか」と新たなつながりや真実を発見する。そして、その気づきを現実に生かす。そうすれば、人生や仕事において新しい価値を創造できるようになるのです。

知識や経験をつないで新たな価値を見出し、現実の中で使っていく。すると新しい現象が起き、さらに新たな知識や経験を得て、次の価値を見出してい

ける。

この循環が、真の意味での「常若」です。

神社の構造は、その循環をシンプルに表しています。

参道は、「産道」につながります。参拝は、母親の胎内で胎児に戻って生まれ変わり、再び産道を通って現世に戻るプロセスそのものです。

つまり、神社は常若を体感できるシステムなのです。

しかし、私たちは知識や経験を得ただけで満足してしまい、せっかく得た財産をうまくつなげることができません。ですから、いくら勉強や努力を重ねても、今一つ現実の中で生かせないことが多いのです。

このサイクルを断ち切り、新たな常若のサイクルへと変えてくれるのが、龍神です。

龍神が味方につけば、自分の経験やイメージ、知識をつなげるのをサポートしてくれます。龍神の後押しがあれば、ひらめきや人との出会いによって、それまであなたが蓄積してきた過去の情報や、眠っていた知識や経験などの「資産」が自然とつながっていくでしょう。

神社へ参拝すると、次のようなことが起き始めます。

▒心身ともにスッキリし、懸案だった問題の解決法がひらめき、それを実践したら止まっていた案件が動きだして自分への評価も上がった。

▒こじれていた人間関係の調整法に気づいて試したところ、うまくコミュニケーションがとれて、良好な関係になれた。

たとえばこのようなことが、常若のサイクルによって起こります。

龍神は、脳や運の回路をショートカットでつないでくれる存在です。ですから、龍神との関わりが生まれると、「この経験とあの情報が、ここでつながるの!?」と驚くような「化学反応」が現実にどんどん起こり始めるのです。

常若のサイクル

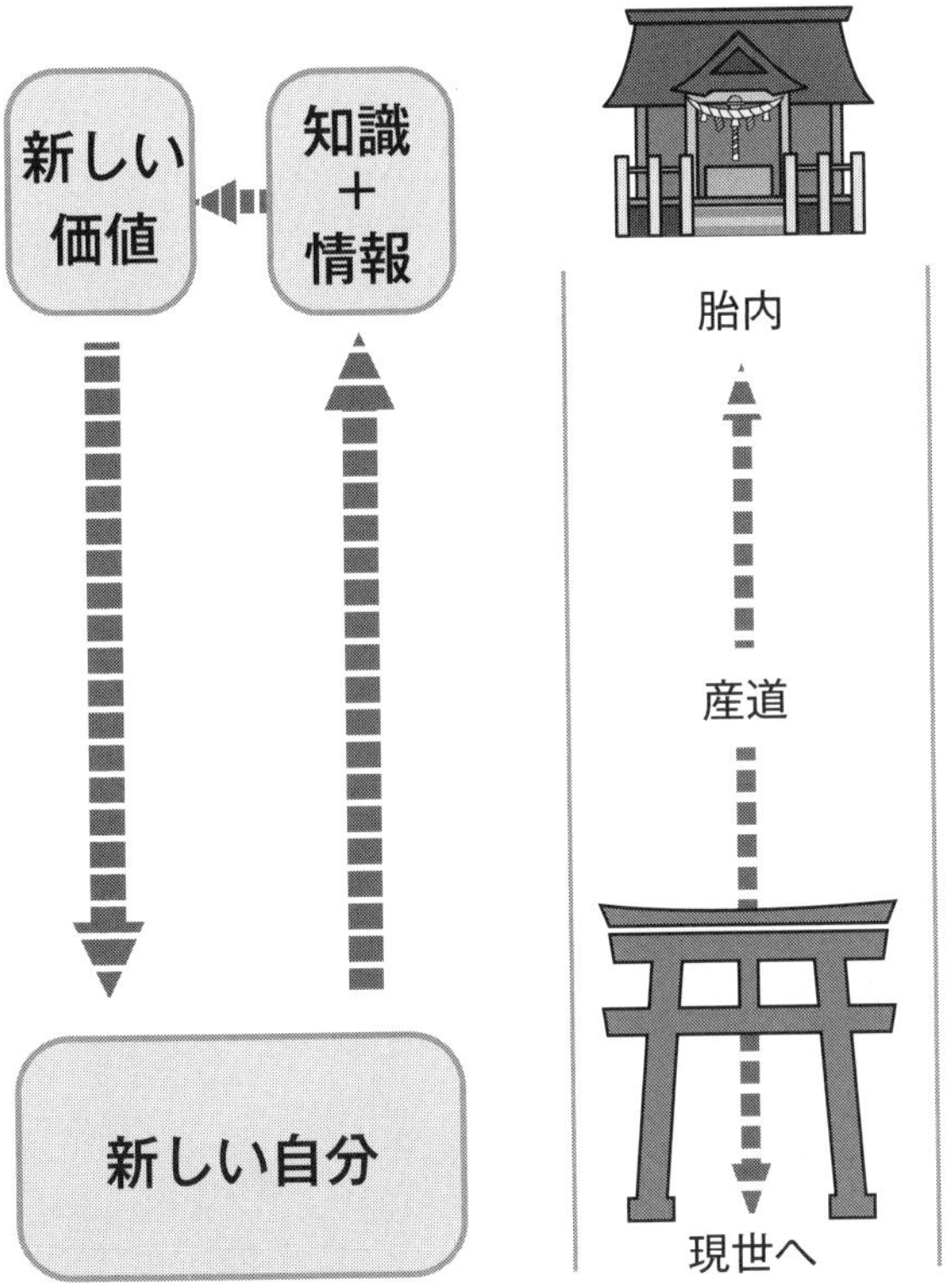

神社参拝の効果を高める方法

神社では、尊敬する友人に対する時のように、あなたの気持ちを正直に話してください。

もしそれがネガティブな思いであったとしても、その後、**「これからよくなっていきたい」「成長していきたい」「こんなことをやっていきたい」と必ず伝え、「やるべきことをやりますので、後押しをお願いします」と祈りましょう。**

人間ですから、時には失敗もすれば、問題が起こることもあるでしょう。将来の不安もあれば、自分に自信がもてないこともあります。それは誰もがもっている感情ですから、否定することはありません。もちろん、私自身にもあります。

その上で、やるべきことは淡々とやる、そうすれば必ず龍神や神様が助けてくれる。この気持ちをもってお参りしていただきたいのです。

そうやって参拝を続けているうちに、龍神がつなげてくれるチャンスや課題、ご縁に気づきやすくなります。

それらのチャンスや課題に、真摯に取り組んでいけば状況が次第に変わり、「結果的にこれでよかった」といえる形におさまっていきます。

一つの課題が解決したら、また次のステージで新たな悩みが生まれることもあるはずです。しかしその時、あなたは確実に成長しています。

表面上は同じような問題がやってきたように見えても、成長した「新たな自分」としてその問題に向き合っていけるでしょう。参拝によって、龍神や神様からの後押しをいただいている安心感も育っているはずです。

戦国時代、武将たちは勝利のお礼として、神社に社殿や鳥居を奉納したり金品を寄進したりしていましたが、現代の私たちができる「お礼」は、自分自身が成長して周囲に貢献することです。

日頃の行動を通して、龍神や神様を喜ばせることです。

といっても、気を張ってがんばり続けなければならないわけではありません。**あなたが笑顔で自分らしさを発揮しつつ、目の前のやるべきことに取り組む姿を、龍神や神様は見ています。**

願いを現実にする祈り方とは

自分の望む情報空間とアクセスするために、私たちは一つの大きな力をもっています。それは、祈りの力です。

人間の祈りが、対象となる他者や状況に確実に影響を与えることは、科学的な実験ですでに証明されています。たとえば、複数の人が一定期間祈った結果、特定の町の犯罪率が減ったり、あるグループの妊娠率が上がったりしたという報告が実際にあるのです。

では、願いを実現する祈りとはどんなものでしょう。

まず、祈りは「お願い」とは違うということを知ってください。

祈りとは本来、「意図（意思）」を乗せること。つまり、「自分自身の意識・意図を伝えること」です。

龍神を相手にして、

「私にはこんな目標があります。だから、これをやろうと思っています」
「私はこういう理由で、こんなことをしたいのです」

などと自分の意図を伝えることが、本当の祈りなのです。

ビジネスでの交渉も、ゴールとやるべきことを明確にしなければ相手に伝わりません。そのプロジェクトの先にどんな光景が待っているのか。それが明らかになっていなければ、相手の心は動きません。

それは龍神も同じです。龍神にその目標が実現した先の光景がどんな未来なのかを、想いをこめて伝えることが大切です。その光景が「あなたが成長して世の中に貢献すること」である場合、龍神があなたに必要となる情報空間につないでくれるのです。ですから、自分がどのように成長したいのか、何を達成したいのかを龍神にはっきりと伝えましょう。

祈りを届けるコツは、実際に龍神が目の前にいるかのような気持ちでコミュニケーションすることです。

意図を乗せて伝えるのですから、私たちがふだん人間相手に行っているコミュニケーションと変わりません。あるいは、プレゼンと思ってもいいでしょう。

最初のうちは、龍神の存在は感じられなくても大丈夫です。

私たちは長い間、龍神は「崇高な存在」であり、完璧で「畏《おそ》れ多い存在」だと考えてきました。ですから、龍神を身近に感じられなくても仕方がないのです。

もちろん、見えない存在に対する尊敬の念をもち続けることは大切です。

しかし、一方的に崇《あが》め奉《たてまつ》る存在ではなく、龍神と人間はともにタッグを組んでこの世界をよくしていく関係だと意識して、祈りを届けましょう。

基本的に、いつでもどこでも祈ることはできますし、祈りは届きます。

でも、いきなり祈れといわれても、戸惑ってしまいますよね。そんな人のために、昔から受け継がれてきた祈りの場所が、神社なのです。

神社は、もともと神が宿る自然という依り代がある場所に社殿が建ち、代々参拝されてきました。祈りが届きやすいようにエネルギーが浄められた場であり、何より龍神や神様がいる場所です。神社は、祈りを届ける絶好の聖域なのです。

私たちの先祖も、太陽や滝、岩、鎮守《ちんじゅ》の杜《もり》などの自然物を見て手を合わせてきました。

思いを向ければ、私たちも龍神や神様の情報空間にいつでもアクセスできるのです。

問題解決をひらめかせる「なんでなんで内省」

目の前の問題を解決しようと一生懸命考えても、罪悪感や怒り、不安などにとらわれていたら建設的な思考はできません。自分では考えているつもりでも、堂々巡りを繰り返すだけです。その状態はたとえるなら、黒い綿アメが脳の中で増産されているような状態です。黒い綿アメは、自己否定や他者批判の情報ですから、それが続けば無意識にネガティブな情報空間にアクセスし続けることになります。

そんな時は神社で、「なんでなんで内省」をしてみましょう。

四、五歳の子どもが疑問に思ったことを「なんで？　なんで？」と聞いてくるように、何が原因で事態が膠着《こうちゃく》しているのかを自分の心に聞いて、懸案事項の原因を探っていくのです。

神社という非日常の空間で気分を切り換え、場の力や龍神の力を借りて、今の自分を振り返ってみましょう。

❶ノートでもコピーの裏紙でもいいので、問題だと思うことを上のほうに書き込んで、線で囲みます。

❷その問題の下に、「なぜ自分はそう思っているのか」「何が問題なのか」ということを、「なんで」で始まる自分への問いかけ（Q）として書きます。

❸②で書いた問いかけの下に矢印を引いて、その答えや理由（A）を書きます。

❹③で出てきた答えや理由の下にまた矢印を引き、「なぜそう思うのか」を書きます。

❺出てきた答えについて、④のプロセスを「これで終了」と自分が思うまで繰り返していきます。

ひたすら内省していくと、紙の上に矢印でつながった答えが並んでいきます。それを見ながら、さらに作業を続けると、しだいに心が明るくなっていくのを感じられるようになります。

それは、脳内で増産された黒い綿アメとなっている情報を、「なんで？」という質

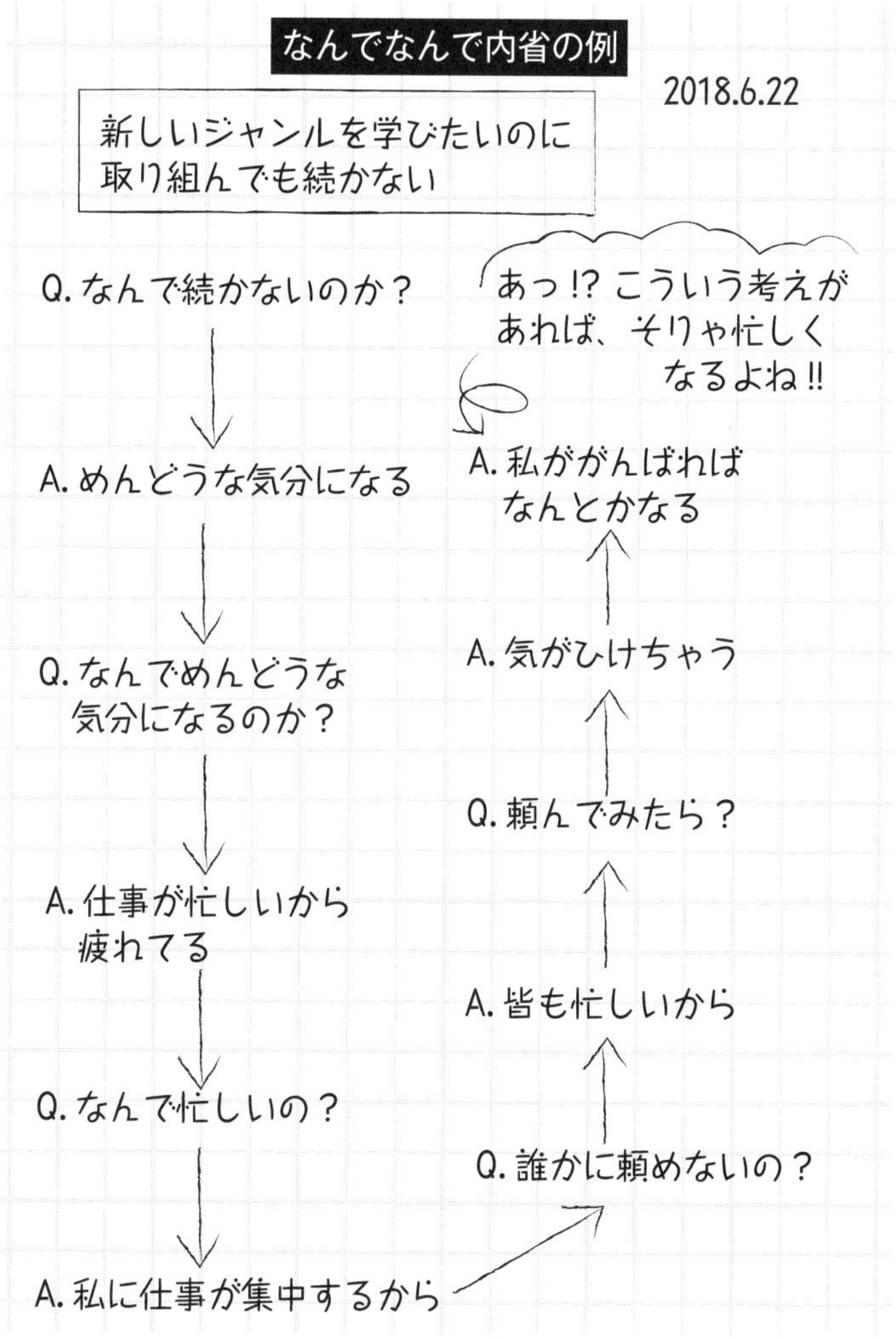
なんでなんで内省の例
2018.6.22
新しいジャンルを学びたいのに
取り組んでも続かない
Q. なんで続かないのか？
A. めんどうな気分になる
Q. なんでめんどうな
気分になるのか？
A. 仕事が忙しいから
疲れてる
Q. なんで忙しいの？
A. 私に仕事が集中するから
Q. 誰かに頼めないの？
A. 皆も忙しいから
Q. 頼んでみたら？
A. 気がひけちゃう
A. 私ががんばれば
なんとかなる
あっ!? こういう考えが
あれば、そりゃ忙しく
なるよね !!

問を繰り返すことで言葉に変換しているからです。

「何もかもダメだと思っていたけど、意外にできている部分もあるじゃないか」

「本当の原因はシンプルだったんだ」

「こんな簡単なところに引っかかっていたんだ」

こんなふうに心が整理されて、気づかなかった原因や取るべき行動が浮き彫りになってきます。やるべきことが見えてくるので、気持ちが楽になるのです。

この内省で、自分の深層心理も探れます。

外に吐き出せないから、頭の中で思考が堂々巡りして「黒い綿アメ」ができてしまうわけで、その綿アメをすべて出せば「本当の気持ち」が自動的に浮かび上がるのです。

最大のポイントは、子どもに戻って楽しむ気持ちで、「なんで？」と自分に聞いてみることです。

子どもには、大人の常識や既成概念は一切ありません。

好奇心いっぱいで、「なんで、なんで？」と目を輝かせて聞いてきます。そんなスタンスで気軽にやってみると、「壁」だと感じていたものが壁でなくなり、新たな視点に気づけるはずです。

「なんでなんで内省」には、さらに効能があります。

感覚や感情といった無形のものを言語化する訓練、自分の気持ちを人に伝えるための効果的な練習になり、表現力や伝達力がアップするのです。

自分一人では、いつもの殻を破りにくいかもしれません。

しかし、神社という場の力、龍神や神様の力を借りてこれを行うことで、ふだんより素直になり、直感やひらめきも起こりやすくなるでしょう。

「なんでなんで内省」のコツ

人に見せるわけではないので、思考を制限せず、本音を自由に書く。

遊び感覚でやると、無意識のうちに子ども時代の脳の使い方ができるようになり、ゾーンに入れる。

一つの答えから複数の矢印が伸びてもいい。また、別々のルートで出た答えが新たに矢印でつながる場合もある。

一枚で終わらなければ、二枚、三枚と続けて書く。日にちを変えて、同じ問題を書いてもＯＫ。飽きるまで、モヤッとした感情やこだわりから抜け出すまで何日でも続けるとよりいい。

神社以外にも、部屋の中の落ち着ける場所や公園、自然の中など、リラックスできるところで行ってもよい。途中まで書いて、その後、自宅やカフェなどに移動して続けるなど、自分の心地いいやり方で。

人はなぜ祈ると成功に近づけるのか

祈りを日々の習慣にすると、よいことがあります。

龍神や神様という無形の存在を受け入れる態勢ができるので、目に見えないもの、たとえば人との縁や情報などの価値をはっきり意識できるようになるのです。

すると、物質空間ではなく情報空間に意識が行くようになり、同時に、物事の本質に目が向くようになります。また、起きた出来事や状況を抽象化して考えるのも得意になります。
本質的な部分に目が向くようになると、同じ視座にいる人たちが周囲に集まってきて、ますます世界の捉え方が変わり、視野も広がります。

祈りを届ける秘訣は、一歩先の目的、つまり、どんな力を発揮して人や社会に貢献したいのかをはっきりさせることです。すると、願いは何倍も実現しやすくなります。「社会のため」といっても、身近なところからでいいのです。家族のため、ビジネスの業績を上げるため、社員のためでもかまいません。もちろん、自分自身も入れて大丈夫です。でも、「自分だけ」しか入っていないと、龍神には響きません。

脳科学的にも、他者のために祈るのはよいことだとされています。
人間の脳には、誰かのために祈ったり何かをしたりする時に幸福感や充実感を感じる性質があります。まだ研究途上の見解ではありますが、人や社会のために役立つことでセロトニンなどの幸福を感じるホルモンが分泌され、自分自身が幸せになれるといわれています。

これを脳科学では、「社会脳」と呼びます。

確かに、誰かの役に立ったり人助けができたりすると、私たちはうれしい気持ちになりますね。

脳は「時間」と「主語」を特定できないともいいます。人が幸福になるのを見れば、自分自身も最終的に幸せを感じる性質があるのです。

誰かのため何かのために祈り、動いていると「自分は社会に貢献できる」「人を幸せにできる」という世界観に変わっていきます。

そう思えれば思えるほど、心に余裕が生まれてさらに幸福感が増し、人のために行動したくなるという幸福の循環が起きていきます。すると、「もっとできることがあるはずだ」「自分も人の役に立てるかもしれない」と感じられ、さらに意欲的になり、結果を出していけるのです。

無神論者だったJさんは、それまで自分の直感だけを信じて会社を経営し、発展させてきました。しかし、縁あって神社参拝して以来、龍神や神様に手を合わせるようになったのですが、**お祈りする際には周囲の人たちのビジネスの発展のご祈念も欠か**

さないそうです。そのおかげなのか、Ｊさんの事業はますます発展し、新規事業の展開も始まって、子会社の決算書もすべて利益増となるに至り、ついにグループでの売上が三〇億を超えたそうです。

まさに一歩先の目的を祈った例です。

先読みを可能にする「大木の根に思いをはせる」練習

強運に生きていく上では、洞察力とともに、先を読むための「先見性」を養うことも必要です。

未来は不確定ですが、ある程度の予測がつけば、早くから手を打つことができます。その先見性を育てながら、同時に洞察力も神社で磨きましょう。

神社のご神木や、境内であなたがなんとなく気になる木の近くに立ち、自分と同じように命ある存在として向き合ってみてください。

地上に出ている幹や枝葉を見て、その生命力や、木が生きてきた長い歴史を想像することで視野が広がります。自然の営みの長さと比べると、ほんの数十年の人生であくせくしている自分の悩みが小さく見えてきます。

その後、「根っこ」に想いをはせましょう。その木を支えているのは、地中にある根です。

地面に出ている部分より何倍も深く広く、木の根は地中に張りめぐらされています。その根が水分や養分を吸い上げるからこそ、木は枝を伸ばし成長していけます。

ここでのポイントは、物理空間では見えないけれど「そこに確実に存在するもの」を意識し、想いをはせてみるということです。

この意識を繰り返し行っていくと、目の前にいる相手の状況や、考えたり感じたりしていることがだんだんわかるようになり、洞察力がついてきます。加えて、まだ見えない先を見通せる力、先見性の回路を強化する訓練になります。

この訓練には、見えない存在である龍神や神様の存在（気配）を感じやすくなるという効果もあります。

第四章

強運体質に変える日々の習慣

人から強運だといわれる人には、竹のような柔軟さがあります。

いったん感情が揺れても、サッと元に戻れる。

時代の変化に合わせて、自分自身も軽やかに変わっていける。

そんなしなやかさを日常の中で作っていきましょう。

この章では、しなやかな心と体を作るためにできるトレーニングや、場の力を利用するコツをお伝えします。

この「立ち方」で金運がアップする！

まず、龍神が教えてくれた金運が上がる立ち方をお教えしましょう。

体の中で金運を左右するのは背中です。

どんなに表面をとりつくろうとも、後ろ姿のたたずまいが、その人の人となりを表すものです。その後ろ姿の印象の良し悪しが、信頼できる人物かどうかの評価につながり、その後のご縁に影響します。手順はたった二つ。とても簡単です。

その場でいいので、この二つを意識して、実際に立ってみてください。

1 自然に足を開き、
かかとに重心を置いて立つ。

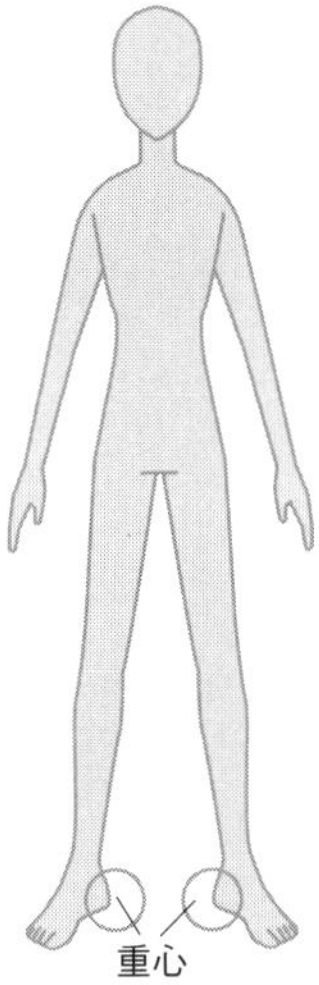

2 下腹部にグッと力を入れる。
下腹の中心あたりを後ろから
軽くキュッと引っ張られる感
じで、お腹を引っ込める。
力みすぎないのがポイント。

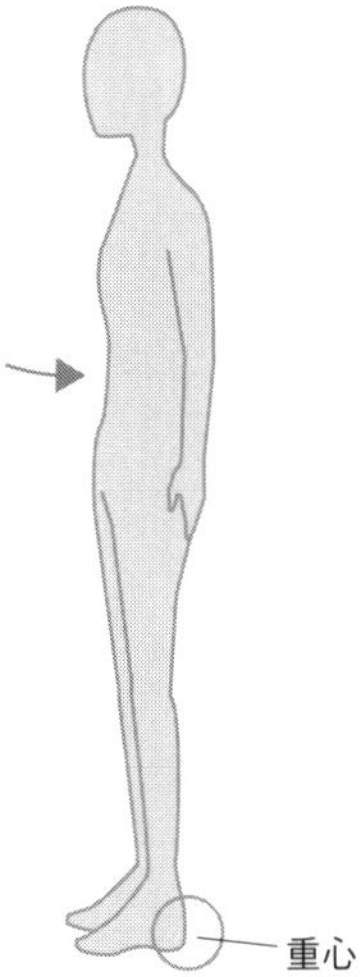

いつもと違う体感があるのではないでしょうか。

かかとに重心を置くと、人間の体は構造上、全身の重みがかかかと一点に集中します。そのため、体から無駄な力がスッと抜けているはずです。

また、下腹部には、東洋医学で丹田《たんでん》と呼ばれるエネルギーセンターがありますが、下腹に力を入れることで丹田が活性化し、体中にエネルギーが回り始めます。

この立ち方を習慣にしていくと、自然に下半身の筋肉が鍛えられます。

全身の筋肉の七割は下半身にあり、その筋肉が鍛えられると、「代謝が上がる」「血流がよくなる」「気が回りやすくなる」など、全身の循環がよくなっていきます。

体内の循環が物理的によくなれば、同時に運という見えないエネルギーも自然によくなります。さらには外見も変わり、エネルギッシュになって安定感が増すので、人から信頼されるようになるでしょう。

この立ち方をすると自然に背筋が伸び、背中を意識できるようになっていきます。

人には大なり小なり、立ち方のクセがありますが、体のクセは思考のクセにもつながります。縮こまった体は、ネガティブな思考へと導かれやすくなります。悪いクセを直すためにも、この立ち方が役立ちます。

龍神とつながる呼吸法

次に、龍神とつながってタフになれる呼吸法「龍神呼吸」をご紹介します。

背骨を意識してエネルギーを通していくので、**この呼吸法を一セットやるだけで、龍神がつないでくれた情報空間にアクセスしやすくなります。**

他にも次のような効果が期待できます。

- 脳や背中全体の緊張がとけ、思考が明晰になる。
- 自分の軸が定まって精神的に打たれ強くなり、ダメージから復活しやすくなる。
- 会議やプレゼンの前に行うと、パフォーマンスが上がる。
- 情報をインプットしやすくなるので、記憶力が上がる。
- アウトプット前に行うと、インプットした知識とつながってアイディアが湧きやすくなり、創造性が高まる。

全身の筋肉や体幹を意識して鍛えることも大事ですが、空気という無形のものをしっかり自分の背中に満たすイメージで呼吸することで、自分自身の情報空間や過去につちかってきた経験をより強く意識することができるようになります。それが、龍神呼吸の大きな目的です。

龍神呼吸

1 鼻からゆっくり息を吸います。
吸った空気が脳にジワーッと入り、脳全体に染み渡っていくのをイメージします。脳がフワッと膨らんでゆるむような感じで、リラックスして息を吸いましょう。

あとは自然な呼吸を続けてください。
腹式、胸式どちらでもＯＫです。

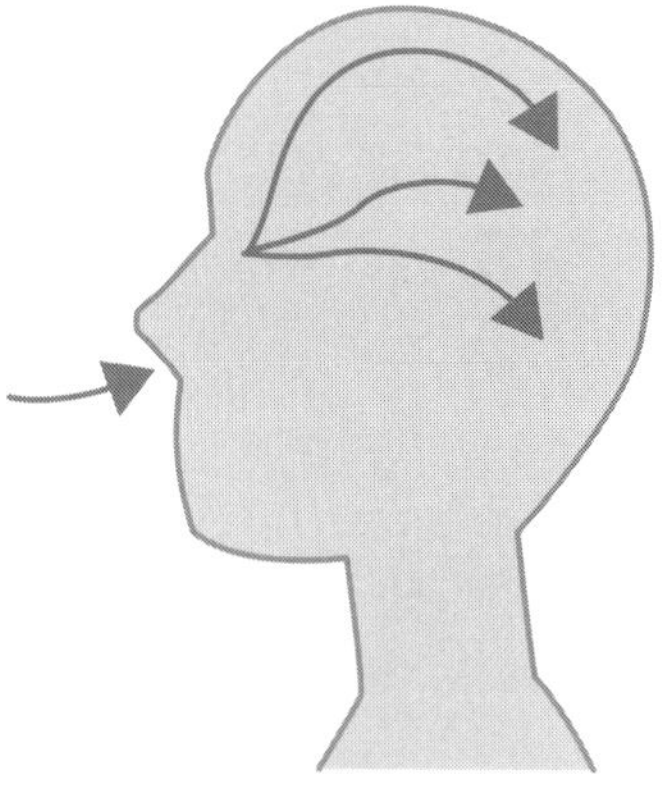

2 脳の空気が脊髄を通ってスーッと下がり、仙骨（腰）まで届くのをイメージします。
急がず、じっくりと脊髄に染み込んで降りていく様子を思い描いてください。

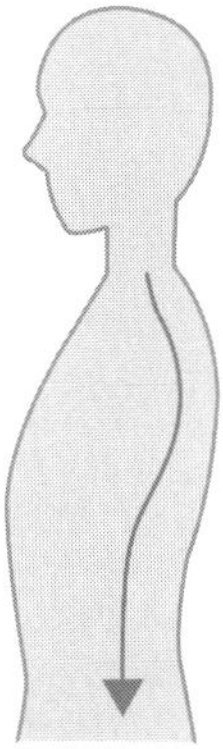

3 仙骨まで届いた空気が、再び脊髄を通って上昇していくのをイメージします。
脳まで戻ったら終了です。

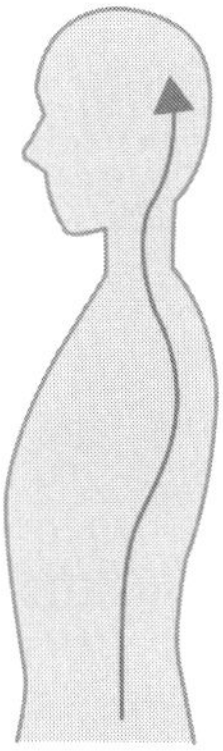

4 ①〜③のプロセスを、
ゆったりしたスピードで３回繰り返します。

うつぶせになって行うと、背骨（脊髄）に意識が行きやすくなり、より効果的です。

龍神呼吸で上半身の力が抜けた後に金運アップの立ち方をすると、楽に立つことができます。

また、神社や自然の中でこの呼吸を行うとリラックスできます。また、起床時や就寝前に練習すると、習慣化しやすいでしょう。

三章でご紹介した「なんでなんで内省」の前に行うのもおすすめです。


人生やビジネスが停滞すると、やみくもに行動してしまい、迷走しがちです。私自身にもそういうクセがありました。もういい加減にやめたいと思っていても、つい同じパターンを繰り返してしまう……そんな状態を解決してくれるきっかけの一つが、この金運アップの立ち方と龍神呼吸でした。

この立ち方と呼吸法を始めてから、過去のパターンを払拭し、ぶれても素早く自分の軸に戻れるようになったのです。

どちらも、続けているとふだんから背中を意識できるようになるので、自分の背後にある情報空間とのつながりが深まります。すると、脳の使い方が変わり、どんな時でもニュートラルな自分の軸に立ち返れるようになります。

成功は背中からやってくる

金運を左右するのは背中だとお伝えしましたが、成功運に最も関連するのも、この背中です。

ふだんの立ち居振る舞いの際に背中を意識すると、自分自身の気持ちも人に与える印象も、そして運も大きく変わります。

しかし、ふだんの私たちは前しか見えないので、意識は自分の前面にしかいっていません。特に現代では、日常の中で体を動かす機会が減り、パソコンやスマホを使う時間が増えて前面にばかり意識が向かうようになりました。

肩こりや腰痛も増え、必然的に背中全体がかたくなり、常にこっている状態です。

ジムやストレッチで鍛えることも大切ですが、日頃の動作で意識すれば体は確実に変わります。日常で「背中を意識した動き方」を練習してみましょう。

頭が「丸」、体が「直線」で描かれた「棒人間」をイメージしてください。

そう、よくマンガなどで描かれるあのイラストです。物を取ったり、手を挙げたりする際に、自分が棒人間になったつもりで、肩甲骨の中心から両手が出ていると思って、動いていただきたいのです。

ドアを開ける時、落とした物を拾う時など、少し大げさなくらいになってもいいので、肩甲骨を意識しながら両手を動かしてみましょう。

すると、必然的に背中の筋肉を使うことになり、肩甲骨も動きやすくなります。背中全体が柔軟になり、筋力も鍛えられていきます。

歩く時も、背中を意識します。肩の力を抜き、胸を張って堂々と歩きましょう。肩甲骨と肩甲骨の間を龍神が後ろから押してくれているとイメージするといいでしょう。

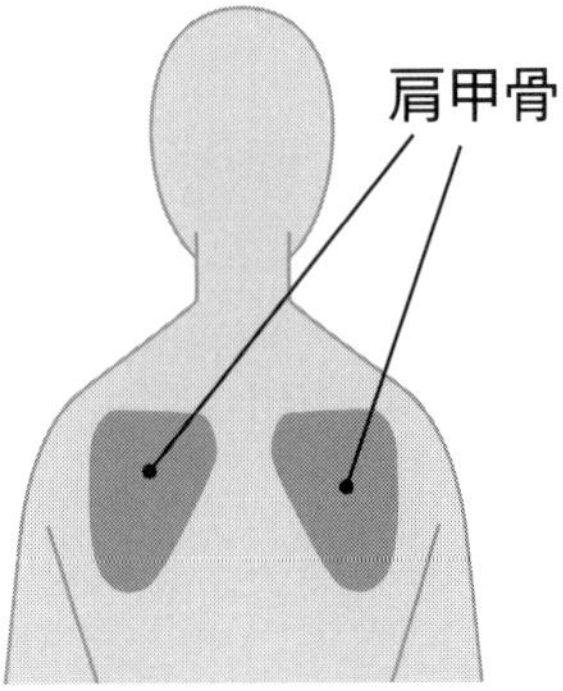

といっても、忙しい毎日、いつも意識し続けるのは難しいかもしれませんね。です

から、一日一回、一〇メートルでOKです。龍神は、無理なことや難しいことは絶対にいいません。

大切なのは、実際にやってみること。

そして、時々忘れてもいいから、**続けること**です。

歩きながら強運力を鍛える方法

たとえば毎朝の通勤ルートも、強運力を鍛える場所になります。

私がふだん実践していることをご紹介しましょう。

ただし、公道で行うものなので、ご自身や周囲の歩行者や車などによく注意して行ってください。

■交差点での信号待ちで視野を広げる

交差点は、広い視野を養うために格好の場です。

家の近くにある交差点で信号待ちをする時は、私は正面の信号を見つめながら目のはしで「対角線上の信号」を見るようにしています。

対角線上の信号が赤になった数秒後に正面の信号が青になるので、すぐに足を踏み出せるようスタンバイしておくのです。

なぜそうするかというと、「視野を広げるため」です。

目の前にだけ注意を向けていると、仕事上でも視野が狭くなってしまいます。

毎朝、多方面に目配りをする訓練をしていると、物事を常に違う角度から見る目を養えます。また、同時に複数の作業や人に注意を払いながら仕事や作業を進める力もつけられます。

この訓練を続けていると、瞬時に歩き出せる日と一瞬タイミングがずれる日があることがわかるはずです。その違いに気づくことで、その日の自分のコンディションや感覚のズレがわかるというメリットもあります。

■交差点を渡りながら、「今日なりたい自分」に変身する

交差点を渡り始めたら、その日の予定に合わせて「なりたい自分」をイメージしま

す。そして、その自分になったつもりで歩きます。

たとえば、打ち合わせがある場合は、「打ち合わせがスムーズに進んだ自分」の姿勢や歩調で歩くのです。

何らかの計画や企画を練る日なら「クリエイティブなアイディアが浮かぶ自分」、会食のある日なら「コミュニケーションを楽しむ自分」など、その日の予定に合わせてベストな自分を作り上げるつもりで交差点を渡ります。

なりたい自分に変身するような気持ちで、楽しんでやるのがコツです。

■歩きながら、筋肉の状態をチェックする

歩道を歩く時は、足をしっかり地面に踏み込めるかを確認しながら、筋肉の状態をチェックします。また、その日の靴によって踏み込む時の感覚が微妙に変わってくるので、その変化を感じます。

さらに階段では、下半身や背中、腹部の筋肉を意識しながら上ります。

背筋《せすじ》やふくらはぎの伸び具合、お尻の筋肉やハムストリングス（太もも裏側の筋肉）を意識し、「今日はふくらはぎをしっかり伸ばそう」「太ももを意識してひざを上げて

みよう」「背筋を伸ばし、下腹に力を入れよう」などと、日々違った筋肉を意識しながら上っていきます。

すると、単なる移動がエクササイズの時間に変わります。体の調整は、何かを生み出したり、表現したりするなどアウトプットする際に必須です。ジムになかなか通えなくても、こうやって日々、筋肉を動かすことを意識していると、アウトプットする時のパフォーマンスが格段に上がっていきます。

■景色を見ながら、季節の変化を感じ取る

駅に向かう途中に、視界が開けて木々の緑や花壇が目に飛び込んでくるポイントを見つけて、必ずそこで木や草花の状態、空の様子を観察します。

自然は、一日といえど同じ日がありません。季節の変化を楽しみながら、感知力も磨ける習慣です。

■ショーウィンドーで背筋チェック

歩く時はいつも、背筋を伸ばし美しい姿勢で歩くことを意識します。

ショーウィンドーに自分の影が映った時は、美しい姿勢でいるかをさりげなくチェックしましょう。駅のホームやバス停でも漠然と立って待つのではなく、交差点で考えた「その日なりたい自分」になったつもりで立っていてください。また、しかめ面ではなく自然な笑顔でいられるよう意識します。

なぜ私がこういった習慣を始めたかというと、ある時、ただ漠然と移動していると心配事やこれからやるべきことなどを延々考えていることに気づいたからです。ネガティブなことを考えているくらいなら、いいイメージを使って体や意識を変えたほうが意味のある時間になり、運気アップにもつながります。

実際に、ご紹介したことを毎日やり始めたら一日を楽しく始められるようになり、仕事の効率が上がりました。また、落ち込んだりイライラしたりすることも減りました。

「ここぞ」という時だけ美しく振る舞おうとしても無理というものです。ふだんから自分の姿勢や表情を意識し、「これが当たり前」という状態にしておかないと、いざという時にボロが出てしまいます。

二四時間意識し続けるのは不可能ですが、毎朝の移動時間のほんの一〇分程度なら無理なく続けられます。朝の時間を使えば毎日確実に続けられるので、自分なりの変化の儀式と捉え、やりやすいエクササイズを取り入れてみてください。

結界を張ると現実化が加速する

次に、場の力を使って強運になる方法をご紹介していきます。

物事を生み出す時には、さまざまな知識や情報、経験をギュッと圧縮して、一つの形にするプロセスを経なければなりません。

そのためには集中力が必要ですが、力みすぎてもうまくいかないものです。そんな時、場の力をギュッと圧縮して、アウトプットをスムーズに進めるワザがあります。

自分自身で「結界」を作り、その中で作業するのです。

結界とは、呪術的な力を使って邪気を防ぎ、神聖な場を作るのが本来の意味。なので、結界を作るというと、外からのエネルギーが入ってこないようにするイメージがあるかもしれません。しかし、これからお教えする結界は、エネルギーを遮断するのではなく、龍神のサポートを受けて情報空間から必要な情報を集めて凝縮し、「圧力」をかけて一つの形にするためのものです。

ここでは、企画書や提案書、原稿など、椅子に座って机の上で一人で行う作業を前提にしてご説明します。もっと広いスペースや人数が多い時などでの結界のバリエーションは206ページで紹介します。

結界の中は、あなたとつながっている龍神から後押しのエネルギーがどんどんやってきて、凝縮されていきます。ですから、ふだんより集中して効率よく作業が進むはずです。

結界を作る際は、一つの儀式として真剣にやりましょう。「結界を張るぞ」という意識をきちんともって行うことが大切です。しっかり意識を向けることで、情報空間の龍神につながって効果が出せるのです。

四角形はエネルギーがもっとも安定する形です。

作業する場が広すぎて、全体に指を向けられない場合でも、机やキャビネットで四辺が見えなくても大丈夫です。作業が終わったら、引いた線の上を手のひらでサッと

結界の張り方

1 自分が作業する場所（椅子）の横に立ちます。189ページの「金運アップの立ち方」をします。

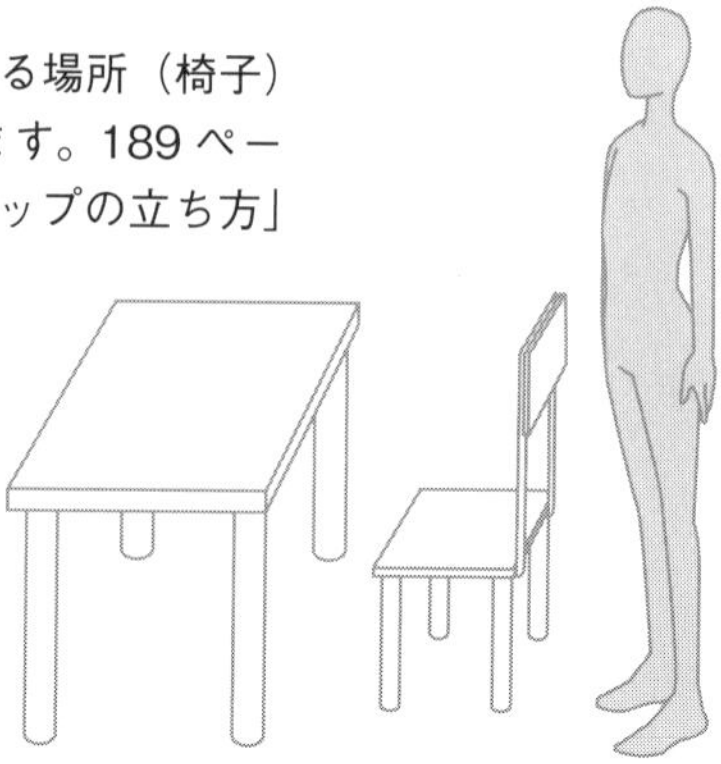

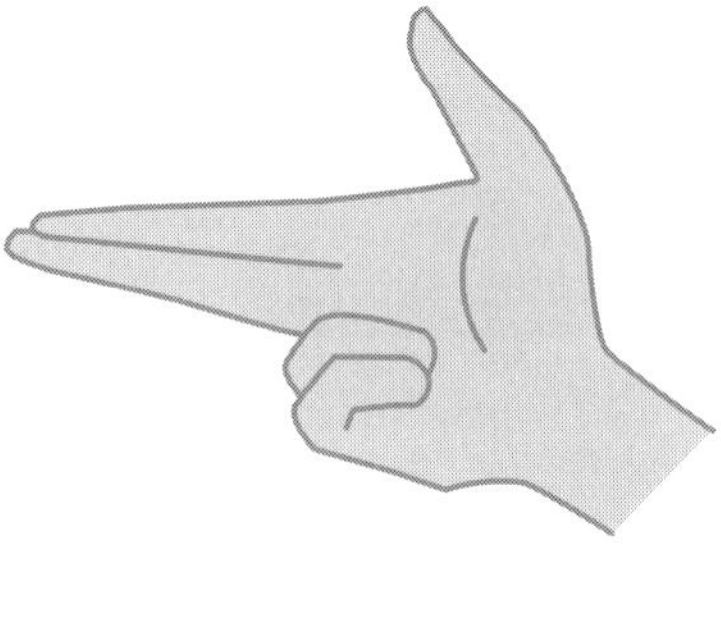

2 利き手の人差し指と中指を真っすぐに伸ばし、親指は手のひらから離し、他の二本に対して直角にします。
薬指と小指は軽く曲げ、ピストルの形を作ります。

3 人差し指と中指の指先からインクが出るのをイメージしながら、これから作業する場所の周辺を四角で囲っていきます。
一筆書きの要領で、インクで線を引くようにスーッと手を動かしていきましょう。

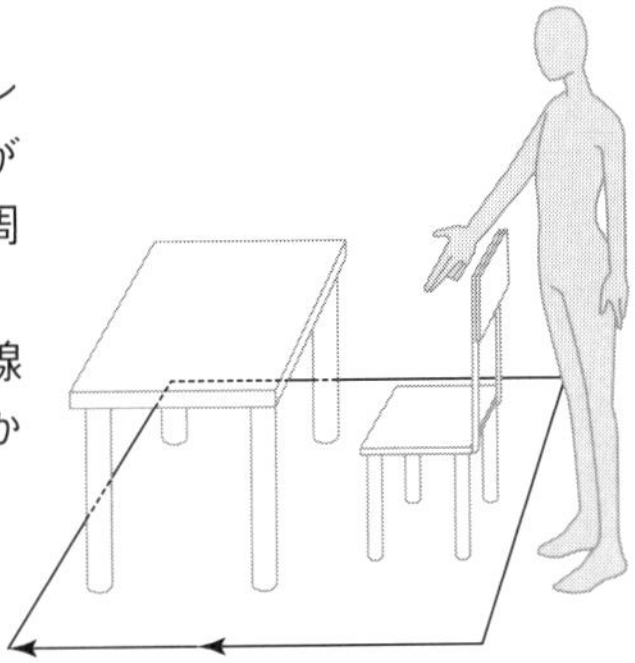

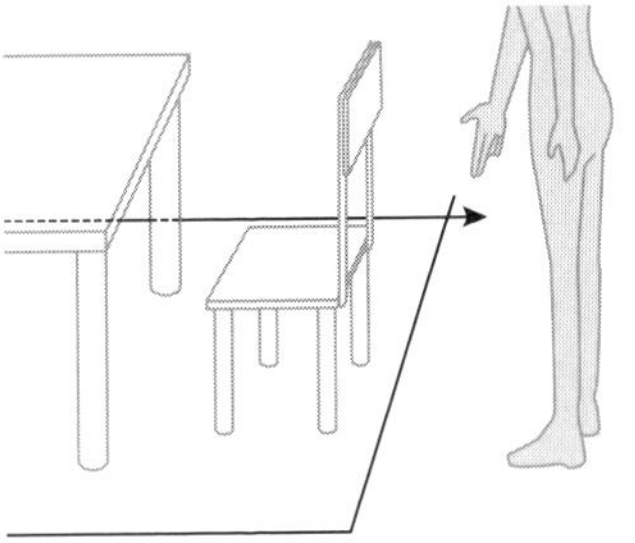

4 最後は必ず、線を引き始めた地点に戻り、四角い形を完成させます。
引き始めと終わりにすき間が開くと結界が作れないので、注意しましょう。
結界の引き始めと終わりの線は、少しはみ出すくらいでOKです。

5 結界の中に入り、作業します。

切る動作をして、結界を解いてください。手が消しゴムになったイメージでやるのがコツです。

結界が張り続けられていると、その中で龍神のエネルギーがどんどん使われるため、解くことを忘れないようにしましょう。たとえ結界を解くのを忘れても、その後数時間経てば自然に消滅しますが、龍神エネルギーの浪費になるので気をつけてください。

この結界のより具体的な活用法を次にお伝えします。

龍神の結界はこんな時にも活用できる！

【結界のバリエーション①】会議室編

会議や打ち合わせの前に結界を張ると、場の力が高まり、有意義な話し合いができます。

この場合は、席に座ったままで頭の中に部屋全体を思い浮かべ、龍神が天井の周囲を回って結界を張る様子をイメージしましょう。すると、その場の情報空間にいる龍神があなたの代わりに結界を張ってくれます。

もし可能なら、実際に目を動かして龍神が動くのをイメージしながら、心の中で龍神に向かって「お願いします」「よろしく!」と声をかけるとよりいいでしょう。

この動作を企画会議の前に行うと、参加者全員からアイディアがどんどん出てきます。また、仕事で相手先を訪問した際に、着いてすぐにこの方法でサッと結界を張っておくと、アウェイである場所がホームに変わり、リラックスして話し合いに臨めます。

【結界のバリエーション②】車両編

満員電車やバスの中の空気がどんよりしていたり、ひどい咳をしている人がいて気になったりしたら、①の要領で車両全体に結界を張りましょう。

すると龍神のエネルギーがその車両全体に行きわたり、あなただけでなく乗っている人全員の生命力や回復力が上がります。また、ポジティブな思考が生み出されていくので、車両の中からギスギスした雰囲気が減っていきます。

この場合は結界を解く必要はありません。龍神が継続してくれます。

【結界のバリエーション③】自分自身編

毎朝、基本の手順で作った結界に一〇〜三〇秒ほど入ると、心身の活力が高まって、一日をエネルギッシュに過ごすことができます。

エネルギーのドリンク剤を飲むような効果があるので、多忙な時でもパワフルに動けます。この場合も、最後に手のひらで結界を解くことを忘れないでください。

【結界のバリエーション④】エネルギーの切り換え編

結界を手のひらで解く動作は、自分自身や他人のエネルギーを変える時にも役立ちます。

たとえば、悩みで頭がいっぱいになったり、否定的な感情が湧いてきたりしたら、その場でサッと結界を解く動作をするのです。この動作には、簡易的なお祓いの意味があり、体の動きに脳が連動して思考が切り替わり、脳内の「黒い綿アメ」がスッと消えていきます。「この思考はもう要らない」と思いながらやるとさらに効果的です。

仕事中に心がざわついた時も、この動作で気持ちをすばやく切り換えられるので、覚えておくと便利です。

身近にいる人がイライラしていたり怒ったりしている時にも、相手が冷静になれるようにこの動作をやってあげると感情がおさまりやすくなります。

もちろん、不審がられないよう、相手が後ろを向いている時や机の下など、見えないところでさりげなくやってください。

「空間認識」が高まると、影響力が拡大していく

私たちの影響力は、日頃どれだけ広い範囲を認識しているか、また、どれだけの人をふだん認識して動いているかに比例します。

たとえば、グローバル企業の社長なら、自社が展開している国々や業界全体を常に意識し、さまざまな国籍の従業員やその家族、大勢の顧客のことを頭に入れつつ動いています。当然、その決断は自社全体だけでなく、世界経済の動向にも大きな影響を与えます。

一方、小規模な会社の新入社員の意識は、会社の事業範囲と担当顧客、上司や先輩、同僚などで占められているはずです。

年齢や与えられた役割で意識のもち方に違いがあるのは当然ですから、両者を比べているわけではありません。その人が意識する範囲は、経験や立場で変わるということをお伝えしたいのです。

見方を変えれば、いつも自分が認識している空間を広げていけば、自然に自分自身の影響力を大きくすることができるということ。自動的に空間認識に合わせた意識の使い方に変わり、その結果、行動も変わるからです。もちろん、龍神のサポートもその変化に合わせてやって来ます。

では、空間認識を変えるにはどうすればいいか。さまざまなアプローチがあるので具体的に見ていきましょう。

■高いところから町を見下ろす

ビルの屋上やタワーの上、飛行機の中、丘の上などの高いところから町中を見下ろしてみます。物理的に広い空間を見ると空間認識が広がり、同時に大きな視野で物事を考えられるようになります。

古くは初代神武《じんむ》天皇の時代から、山上に立ち国を見下ろす「国見《くにみ》」という習慣がありました。現在も日本各地に「国見岳」という地名が残っています。

また、城主は天守閣から領地を見下ろし、施策を練りました。それは、治める土地を実際に目に入れることで空間認識を広げ、その地域での影響力を高めていたのです。

現代の私たちも、高いところに上って景色を見ることで脳が広い空間を認識できるようになり、発想力や行動力が広がっていきます。

▩旅行する

旅行や出張などで新たな土地に足を運ぶと、旅先から帰ったあとリアリティをもってその場所を思い出せますね。そうやって自分がリアルに思い出せる場所が増えれば増えるほど、空間認識は広がっていくものです。

出かける前には、地図を見て位置関係を把握し、自宅との距離感を頭に入れておきましょう。併せて、その土地だけでなく周辺地域もチェックしておくことをおすすめします。土地の産業や名産品、歴史なども軽く調べておくと、脳に情報として入り、現地で自分の力を発揮しやすくなります。

その昔は、城主が自分の領地を馬や輿《こし》に乗って見回る習慣がありましたが、これには領内の様子を視察する目的の他、治める土地を実際に見て自分の影響範囲として空間認識する意味もありました。

その規模が家庭や職場になっても同じです。オフィスや自分の家、庭を見まわり、その状態を頭に入れれば、自分自身の影響を隅々まで及ぼしやすくなります。

旅行することで今のテリトリーから認識範囲を徐々に広げていけば、確実に影響を与えられる場所が増えていくというわけです。

▩地図を見る

自分が影響を及ぼしたい範囲の地図を常に見るようにしましょう。

世界地図、日本地図、自分の住む地域の地図といったいろいろな規模の地図がありますが、まずはあなたが最も影響を与えたい地域の地図から見て、その後、日本、世界と広げていくといいでしょう。

その時は、「これから、この範囲に影響を及ぼしていくんだ」と思いながら地図を眺めてください。

ただし、肩に力を入れて決意する必要はありません。世界の中の日本、日本の中にある自分が影響を与えたい地域を、地図上で認識しておくことが目的です。

脳に情報が入れば入るほど、そして、リアリティを感じれば感じるほど、そこが自分にとって安全な場所であり、影響を及ぼしていい場所だと思えるようになっていきます。すると、パフォーマンスが上がり、安心して自分自身を表現できるようになる。

つまり、影響力が上がるのです。

「後押し」してくれる存在に気づく練習

龍神が後押しとしていろいろな情報空間とつないで縁を結んでくれても、自分自身にそれを意識的に使える器がないと現実に活かせません。

ですから体と心を整え、影響を及ぼせる空間認識を広げて準備しておくことが大事です。

最後はイメージを使って、空間認識を広げる練習をしてみましょう。

あなたが意識できる世界に、どれだけの「生命体」がいるかを想像してみてください。

たとえば、窓の外にビルが見えるとします。何も意識していなければ、それは単なる建物です。でも、その中には何十人、何百人の人がいるかもしれません。

実際には見えていなくても、そうやって意識を広げるだけで大勢の人の存在を認識できます。意識するのは人間に限りません。その数が多ければ多いほど、ふだん与えられる影響力が強くなります。

犬や猫、鳥などの動物や虫、植物、もっといえば、目では見えない微生物や菌など、あらゆる生命体がこの世界には存在しています。地上だけでなく地中に目を向ければ、さらに膨大な数の生命体がいます。

この視点をもって、視界にどれだけの生命体がいるのかを意識してみましょう。

散歩の途中、仕事の休憩中やお茶の時間など、一日一回で十分です。

そうすれば、「大勢の生命体の中にいる自分」がリアルに感じられるようになり、やがて一つの世界観へと育ちます。

それは、「自分一人で生きているのではなく、さまざまな生命の営みがあり、そのつながりの中で自分も存在している」という世界観です。**同時に、たくさんの存在から後押しを得ていると気づき、絶対的な安心感も一緒に育まれていきます。**

すると、命があることへの感謝が芽生え、私たちは自然に、世界のために自分ができることを探し始めるのです。そして、自分の言動が多方面へ影響を与えていると意識するようになるので、前向きに変化していけます。

その変化が、影響力の大きさへとつながっていくのです。

今後、大きなプロジェクトを動かしたいと考えている人、高い目標をもつ人ほど龍神の存在は必要になるでしょう。

動かすものが大きければ大きいほど、たくさんの人や物事に影響を与えます。プレッシャーも並大抵ではありません。

自分一人の力だけでは、どうしても不安になり、ぶれやすくなります。

そんな時、龍神の加護があれば、自信をもって大胆な改革や挑戦に挑めるのです。

また、龍神もそのようなチャレンジを進んで応援します。

過去において、中国の皇帝に始まり、多くの武将や経営者が龍神と関わりながら事をなしてきたのには、こういう仕組みがあるのです。

龍神が存在するかどうかを科学的に証明することは現在の技術ではできません。ですから、最初は「半信半疑」でまったくかまいません。

あなた自身が現実を見据えて行動しながら、その上で望む未来をつかむために龍神の力をお借りする。そのスタンスで進んでいってください。

そんな人たちこそ、龍神は最大限の力を使って後押ししたいと思っているのです。

以前、とある場所で龍神から一つのメッセージが届きました。

それは、「歌え、歓喜の歌を」という言葉です。

その時は「歓喜」といわれてもピンときませんでした。

まして、それを歌えといわれても、どうすればいいのだろうと正直思いました。

今となって私なりに考えると、龍神は「喜びの中で人や生きとし生けるものと響き合え」といいたかったのだと思います。歌は「響き」そのものですから。

自分の価値を人のため、世界のために生かして、ともに生きる人たちと美しい音色で響き合う。龍神はそれを望んでいます。

龍神とつながり、強運人生へと導く神社

最後に、後押しを必要とするケース別に厳選した日本国内の神社を紹介します。
龍神ポイントとは、龍神とつながり、後押しを得やすい場所を指します。

独立、プロジェクトのスタートアップ時の後押し

―宇佐神宮《うさじんぐう》― 大分県宇佐市

【由来】ご祭神の八幡大神《はちまんおおかみ》（別名：誉田別尊《ほんだわけのみこと》、応神天皇）は、鎌倉幕府を開いた源氏の氏神。源氏によってスタートした武家政権は江戸時代が終わるまで長く平安の世を築きましたが、その加護をしたのが八幡大神です。

次世代に継承できるような息の長い組織を作ったり、新たな場所で独立して物事を

始めたい時に参拝をおすすめします。

【龍神ポイント】境内にある大元《おもと》神社遥拝所《*ようはいじょ》。

遥拝所の壁にある窓から、宇佐神宮のご神体である御許山《おもとさん》が見えます。御許山は、八幡大神が降り立ったといわれる場所で、宇佐神宮の元宮《*もとみや》である大元神社があります。遥拝所の窓から御許山を望みながら、「独立して成功し、人や世の中の役に立てますように」「スタートアップの後押しをお願いします」とお祈りしましょう。

＊遥拝……離れた場所から神社や神様にお参りすること　＊元宮……神社がもともとあった場所。

交渉、契約締結を成功させる

鹿島神宮《かしまじんぐう》　茨城県鹿嶋市
香取神宮《かとりじんぐう》　千葉県香取市

【由来】ご祭神の武甕槌大神《たけみかづちのおおかみ》と香取神宮のご祭神である経津主大神《ふつぬしのおおかみ》は、ともに天照大神の使者として、大国主命《おおくにぬしのみこと》と国譲りの交渉をして成功させた神。

関わる人すべてにとっていい結果となるような契約が結べたり、難しい交渉事をスムーズに進めたりする後押しがあります。単独での参拝ももちろんＯＫですが、両社に参拝すると、より強いサポートが得られます。

【龍神ポイント】両社の境内奥にある要石《かなめいし》。

地中には、地上に出ている部分の何倍もの大きさの岩が埋まっています。その部分を意識しながら、「交渉がお互いにとってよりよい形で進みますように」「円満に契約が結べますように」と語りかけるように祈ってください。その際、合掌した手の指先を要石に向けると、願いが届きやすくなります。自分だけが有利になるような交渉や契約は、後押しがいただけないので注意しましょう。

プレゼン力アップ、プレゼンの成功

―氷川神社《ひかわじんじゃ》― 埼玉県さいたま市

【由来】ご祭神の素戔嗚尊《すさのおのみこと》は、高天原では乱暴者でしたが出雲で心機一転し、「ヤマタノオロチを退治したら、娘の櫛名田姫《くしなだひめ》を妻に欲しい」と老夫婦にプレゼンして、見事成功します。

氷川神社の龍神は、このように自分の実力を最大限にアピールして、実際にその力を発揮し、相手に認めてもらえる力を授けます。

【龍神ポイント】拝殿脇にある蛇の池。

氷川神社発祥の地として、長年禁足地（人が入れない土地）でしたが、近年一般公開されました。プレゼンがうまくいくだけでなく、資料作成やプレゼンのための情報をスムーズに集めたり、プレゼンスキルをアップさせたりしたい時にもおすすめです。

アイディアを生む、イノベーションを起こす

―熊野本宮大社《くまのほんぐうたいしゃ》― 和歌山県田辺市

【由来】*熊野三山の中心。歴史の古い神社ですが、特に平安時代、後白河法皇の崇敬を受けた「甦《よみがえ》りの聖地」として有名です。

黄泉《よみ》の国の入口として信仰を集めた熊野は、龍神と関わりの深い非日常の空間。ふ

だんとは違う空間に身を置くことで気持ちに余裕が出て、新しい自分と出会い、ふだんは気づけない発見や新たな見解が多く得られるお社です。南方熊楠《みなかたくまぐす》などの先人が、新しい着想を得て、革新的な業績を残した場所でもあります。

【龍神ポイント】境内から徒歩一〇分の大斎原《おおゆのはら》。

大鳥居をくぐったところに摂社末社のお社があります。そこがもともと、熊野本宮大社が祀られていた場所です。「新しい発想力が得られますように」「新たなチャレンジが成功し、継続していきますように」などとお祈りしましょう。

＊熊野三山……熊野本宮大社・熊野速玉大社・熊野那智大社

―― 諏訪大社《すわたいしゃ》 ―― 長野県諏訪市

【由来】諏訪湖周辺に鎮座する四社。ご祭神の建御名方神《たけみなかたのかみ》の妻、八坂刀売神《やさかとめのかみ》がそのうちの二社ずつを半年ごとに行き来して祀られるなど、珍しい風習や形式をもつ神社。七年に一度の奇祭「御柱祭」も有名で、先人のユニークなアイディアが今も多くの人を魅了しています。画家の岡本太郎氏から信仰篤かった神社です。

【龍神ポイント】各社に立っている御柱と、春宮《はるみや》にある万治《まんじ》の石仏。

山から切り出された御柱も、万治三（一六六〇）年につくられた石仏も、人々の信仰を古くから集めてきました。特に石仏は、昭和になって岡本太郎氏によってその価値が見出され、話題となりました。斬新なアイディアを生み出したり、画期的な新機軸を打ち出したりしたい時に力を与えてくれます。

事業運、経営運の向上

―宗像大社《むなかたたいしゃ》― 福岡県宗像市

【由来】海運や交通の守り神である宗像三女神*は、「道」の最高神として、物事の継承や発展をつかさどります。自分の事業や活動を通して、社会貢献していくための強力なサポートが得られます。「人間尊重」の経営で知られた出光興産創業者の出光佐三氏が篤く信仰し、社殿の再建に尽力しました。

【龍神ポイント】宗像三女神が降臨したと伝えられる高宮祭場。

今も残る古代の祭祀場であり、龍神とつながれる場。自分や関わりのある人だけでなく、その周囲の人たちも含めて、社会全体をよくするためにお願い事をするのが参拝のポイントです。

＊宗像三女神……田心姫神《たごりひめのかみ》、湍津姫神《たぎつひめのかみ》、市杵島姫神《いちきしまひめのかみ》

マネジメント力やプロデュース力の開発

―戸隠神社《とがくしじんじゃ》― 長野県戸隠市

【由来】神話で有名な「天岩戸《あまのいわと》」が飛んできてご神体となった戸隠山の周辺にある五社の総称。「天岩戸開き」が成功するようプロデュースした知恵の神様、天八意思《あめのやごころおもい》兼命《かねのみこと》の他、ゆかりのある神々が祀られています。この神話では、各神様の強みを生かした適切な人員配置が功を奏しました。

チームや組織全体を活性化して、結果を出す力を与えます。

【龍神ポイント】各社の境内や参道にある杉。

戸隠神社は杉木立で有名ですが、その中で自分自身がピンときた杉が龍神が教え

てくれた参拝ポイントです。杉に向かって、「関わる人すべてを活かせる力をつけて、最大限の結果が出るように」と祈りましょう。「マネジメント力やプロデュース力のある人と出会いたい」とお願いしてもOKです。

コミュニケーションや人間関係を円滑にする

―白山比咩神社《しらやまひめじんじゃ》― 石川県白山市

【由来】ご祭神の菊理媛尊《くくりひめのみこと》は、イザナギとイザナミの神話で言い争う二人の仲介に入った神様。菊理媛尊が取りなしたことによって、二人は無事それぞれの世界に戻ることができました。

その力にあやかり、自分の気持ちを大事にしつつ、周囲の人ともよい関係を築いていけるようになれます。また、あなたのコミュニケーションを助けてくれる人と出会えるよう取りはからってくれます。

【龍神ポイント】白山奥宮遥拝所《ようはいしょ》。

ここは、ご神体である白山と、白山にある奥宮を遥拝できる場所です。白山の龍神に届けるつもりで「○○さんとコミュニケーションがうまく取れますように」「人間関係がよくなり、自分の力が発揮できますように」と祈ってください。

パフォーマンスを高める

―熱田神宮《あつたじんぐう》― 愛知県名古屋市

【由来】織田信長が、桶狭間の戦いの前に勝利祈願をした神社。桶狭間の戦いは、弱小大名だった織田信長が大有力者だった今川義元を破って歴史を転換させた戦いです。もちろん、熱田神宮の力もありましたが、神仏の加護を得るというパフォーマンスをすることで部下たちの士気を上げたことも大いに役立ちました。この時、信長がお礼に寄進した「信長塀」は今も残っています。

【龍神ポイント】清水社。

水の神様を祀るお社で、古来、水の力で人々を浄めてきました。よりよいパフォーマンスを発揮していくために、不要な思い込みや不安、弱音をすべて洗い流してくれます。「自分のもてる力が最大限に発揮できますように」「実力が出しきれますように」と祈りましょう。この時、自分だけでなく、他の人の幸せにも貢献するという視点をもつことが大切です。

リーダーシップを育む

―出雲大社《いずもおおやしろ》―　島根県出雲市

【由来】ご祭神の大国主命は、大勢の神様の力を結集し、行政、治水工事、福祉などのインフラを整え、出雲の国造りを成功させました。

会社経営や部署の統率だけでなく、プロジェクトグループや家庭の運営など、自分の立場にあったリーダーシップを発揮し、チームメンバーの個性を生かしながら全体を率いる力を授けてくれます。

【龍神ポイント】本殿裏にある素鵞社《そがのやしろ》。

出雲国の土台を築いた素戔嗚尊を祀るお社であり、強力な龍神スポット。出雲大社本殿と合わせてお参りすれば、さらに強い後押しが得られます。チーム全体で世の中に貢献するために、リーダーシップを発揮できるようお願いしましょう。

金運を上げる。ドラゴンマネーを呼び込む

―伏見稲荷大社《ふしみいなりたいしゃ》―　京都市伏見区

【由来】商売繁盛の神様として信仰を集める神社ですが、ご祭神の宇迦之御魂大神《うかのみたまのおおかみ》（稲荷大明神）は、もともとは稲の神様。稲（お米）は昔からお金の代わりとされ、豊かな恵みの象徴でした。「お稲荷様を怒らせると祟《たた》る」という説もありますが、それは民間信仰が習合し、誤解されて伝わった俗信です。

成長したいと願った時、十分な豊かさをもたらしてくれるお社です。

【龍神ポイント】有名な千本鳥居をくぐり終わったところにある奥社奉拝所。社殿背後にある稲荷山三ヶ峰に向かって「〇〇のために成長したいので、必要な資

金をください」と祈ると、その願いを実現するための成長資金がチャンスや出会いという形でやってきます。

南宮大社《なんぐうたいしゃ》 ― 岐阜県不破郡

【由来】関ヶ原の合戦で焼失した社殿を、徳川家光が七〇〇〇両かけて再建。その華麗な姿が今も残っています。ご祭神の金山彦命《かなやまびこのみこと》は金属の神様で、古くから刀鍛冶の信仰を集めてきました。「金」の神様として金運をつかさどります。

【龍神スポット】楼門、神楽殿、拝殿が一直線に配置されているので、楼門前でまずその美しい姿を堪能し、拝殿で「成長資金をお願いします」と祈りましょう。

おわりに

この本の執筆中、福岡県の宗像大社を訪れた際に、現地の龍神からこんなメッセージが伝えられました。

「これからは、世のため人のために自分を生かしていこうという志《こころざし》のある人たちを、今まで以上に応援していく時代になる。そんな生き方をする人たちを、さらに増やしていってほしい」

宗像大社は、巻末の神社リストでもご紹介した通り、出光佐三氏が深く信仰し、私財を投じて再建に寄与した神社です。出光氏は、戦後、海外拠点を一気に失った際に社員を一人もリストラすることなく乗り切り、また、さまざまな難局に見舞われながらも、その胆力と経営手腕で大きな業績を残しました。

高い志と、見えない世界を信じる気持ち、そして現実での行動力があったからこそ、出光氏は宗像大社の神様や龍神の後押しを得て、偉業を成し遂げられたのでしょう。

氏はそのご加護に感謝して社殿を寄進し、神社史の編纂にも尽力しました。

その功績もあり、宗像大社と沖の島を含む周辺地域は世界遺産に登録され、未来へと継承されていきます。出光氏と宗像大社の関係は、人間が龍神、神様と協働していく際の一つの理想だと私はとらえています。

今後、あなたが龍神とつながって人生を進んでいく際には、いい時もあれば、そうでない時もあるでしょう。しかし、どんな時であっても、見えない世界からの後押しが必ずあり、強運な人生を選べることを忘れないでいてください。

草木や空、川や海など身の回りの自然の中に、そして、参拝した神社の森や境内に、龍神や神々が存在しています。この本が、そんな見えない存在との架け橋となり、あなたが公天命を生きながら私天命も楽しみ、現実生活を充実させていくための助けとなることを祈っています。

最後になりましたが、ダイヤモンド社の酒巻良江さん、構成の江藤ちふみさん、装丁の斉藤よしのぶさん、体験談のご協力をいただいたクライアントの皆様、読者の皆様、そして、いつも多大な後押しをくれる龍神たちや神様方に心からお礼申し上げます。

大杉日香理

【参考文献】

『古事記』（上）（中）（下）講談社学術文庫
『NATURE FIX 自然が最高の脳をつくる』フローレンス・ウィリアムズ著　栗木さつき、森嶋マリ訳　ＮＨＫ出版
『ナショナル ジオグラフィック日本版』２０１6年5月号　日経ナショナルジオグラフィック社
『神話の力』ジョーゼフ・キャンベル、ビル・モイヤーズ著　飛田茂雄訳　早川書房
『日本神話の源流』吉田敦彦著　講談社
『知性の進化』ジョセフ・Ｃ・ピアス著　西村弁作、山田詩津夫訳　大修館書店
『つながる脳科学』理化学研究所脳科学総合研究センター編　講談社
『日本人の脳』角田忠信著　大修館書店
『空間の経験』イーフー・トゥアン著　山本浩訳　ちくま学術文庫
『なぜ正直者は得をするのか』藤井聡著　幻冬舎
プレジデントオンライン「解明！運がない人は、なぜ運がないのか」藤井聡　http://president.jp/articles/-/8829?display=b
『脳科学からみた「祈り」』中野信子著　潮出版社
『ビジョナリーカンパニー』ジェームズ・Ｃ・コリンズ、ジェリー・Ｉ・ポラス著　山岡洋一訳　日経ＢＰ社

［著者］
大杉日香理（おおすぎ・ひかり）
神社風土史家、作家、ビジネスコーチ。海外出版含め、著作は累計40万部。子どもの頃から日本史に興味を持ち、全国各地で参拝した神社は延べ2万社となる。その経験を生かし、神社風土史を提唱。神社で行うアクティブラーニングである『神旅®』はこれまでに1万名以上を動員。神社風土史を通じて、個人の可能性の発掘と社会での生かし方を伝えている。天皇陛下の即位関連の儀式と連動した「『天皇陛下即位礼正殿の儀』特別体験型参拝」を神田明神と共同開催。また船橋市での起業セミナーでは歴史と経営の重要性を講演。衆議院会館にて選挙に勝つ神棚講座も開催し、先人の知恵を独自の視点で伝え続ける。
著書には『「龍使い」になれる本』（サンマーク出版）、『幸せと豊かさへの扉を開く龍神カード』（河出書房新社）などがある。

無料メール講座『ビジネスに役立つ神社活用法』　https://atea.jp/jinja-katsuyo/
ATEAサイト　http://atea.jp

龍神とつながる強運人生
――仕事運、金運を着実に上げて成功をつかむ

2018年7月18日　第1刷発行
2023年12月22日　第5刷発行

著　者――大杉日香理
発行所――ダイヤモンド社
〒150-8409　東京都渋谷区神宮前6-12-17
https://www.diamond.co.jp/
電話／03･5778･7233（編集）　03･5778･7240（販売）
装幀――――斉藤よしのぶ
構成――――江藤ちふみ
編集協力――野本千尋
DTP制作――伏田光宏（F's factory）
製作進行――ダイヤモンド・グラフィック社
印刷――――新藤慶昌堂
製本――――ブックアート
編集担当――酒巻良江

ISBN 978-4-478-10513-9